SIM!

SIM!

50 SEGREDOS DA CIÊNCIA DA PERSUASÃO

Noah J. Goldstein, Ph.D., Steve J. Martin e
Robert B. Cialdini, Ph.D.

8ª Edição

Tradução
Jussara Simões
Susana Staudt

BestSeller

Rio de Janeiro | 2025

CIP-BRASIL. CATALOGAÇÃO-NA-FONTE
SINDICATO NACIONAL DOS EDITORES DE LIVROS, RJ.

Goldstein, Noah J.
G577s   Sim!: 50 segredos da ciência da persuasão / Noah J. Goldstein,
8ª ed.   Steve J. Martin e Robert B. Cialdini; tradução: Jussara Simões, Susana Staudt. - 8ª ed. - Rio de Janeiro: BestSeller, 2025.

Tradução de: Yes!
ISBN 978-85-7684-211-8

1. Persuasão (Psicologia). 2. Comunicação empresarial. 3. Marketing 4. Comunicação interpessoal. I. Martin, Steve J. II. Cialdini, Robert B. III. Título.

09-1612   CDD: 153.852
                                                        CDU: 159.947.3

Texto revisado segundo o novo Acordo Ortográfico da Língua Portuguesa.

Título original inglês
YES!

Publicado originalmente no Reino Unido pela Profile Books Limited
Copyright © 2007 by Noah J. Goldstein, Steven J. Martin and Robert B. Cialdini
Copyright da tradução © 2009 by Editora Best Seller Ltda.

Capa: Júlio Moreira
Editoração eletrônica: Abreu's System

Todos os direitos reservados. Proibida a reprodução,
no todo ou em parte, sem autorização prévia por escrito da editora,
sejam quais forem os meios empregados.

Direitos exclusivos de publicação em língua portuguesa
para o Brasil adquiridos pela
EDITORA BEST SELLER LTDA.
Rua Argentina, 171 – Rio de Janeiro, RJ – 20921-380
que se reserva a propriedade literária desta tradução

Impresso no Brasil

ISBN 978-85-7684-211-8

Atendimento e venda direta ao leitor:
sac@record.com.br

Para os meus pais e, naturalmente, para Jenessa — NJG
Para meus sobrinhos Casie Leigh e Riley — SJM
Para a minha neta Hailey Brooke Cialdini — RBC

Sim!
Agradecimentos

Sim! 50 segredos da ciência da persuasão é essencialmente uma coleta de informações sobre a fascinante ciência da influência social. Somos extremamente gratos a vários cientistas que conduziram as pesquisas que descrevemos durante todo o texto. Sem seu trabalho, o *Sim!* não teria sido um livro; seria um panfleto.

Ao escrever o *Sim!*, tivemos a sorte de ter acesso a outras coleções de informações — as de nossos colegas, parceiros e estudantes. Em particular, gostaríamos de agradecer a Vladas Griskevicius, Leah Combs, Jennifer Ottolino, Miguel Prietto, Stuart Shoen e Chaundra Wong pelo trabalho de revisão e por nos darem suas opiniões sobre vários capítulos do livro em seus estágios iniciais. Agradecemos também a Dan Norris, Nick Pope, Dil Sidhu, Brian Ahearn, Kathy Fragnoli, Christy Farnbauch, John Fisher e Tim Batchelor por nos oferecem seus próprios exemplos de como usaram a ciência da persuasão alcançando bons resultados.

Além disso, gostaríamos de expressar nossa gratidão a Daniel Crewe, nosso editor da Profile Books, por sua energia e seu entusiasmo pelo livro em todos os seus estágios, e por suas inestimáveis sugestões de capa a capa.

Ficamos felizes também por ter Bobette Gordon, que facilitou em muito nossas vidas em todos os momentos, permitindo que nos concentrássemos em escrever o livro, sem qualquer preocupação com os detalhes inerentes a ele. Seu trabalho árduo e sua dedicação ao sucesso deste projeto foram inestimáveis. Damos grande valor e apreciamos o apoio constante e a parceria de trabalho com Gary Colleran e Anne Buckingham, do nosso escritório no Reino Unido. Finalmente, queremos expressar nosso real agradecimento a Jenessa Shapiro e Bernie Goldstein por suas opiniões críticas sobre todos os aspectos do livro e, o que é ainda mais importante, por seu interminável apoio.

Noah J. Goldstein
Steve J. Martin
Robert B. Cialdini

Sumário

Introdução 13

1 Como aumentar seu poder de persuasão incomodando a plateia? 20

2 O que faz com que as pessoas passem a aceitar sua popularidade? 26

3 Que erro comum faz com que as mensagens se autodestruam? 30

4 Quando a persuasão pode surtir efeito contrário, como evitar o "meio magnético"? 35

5 Quando oferecer mais faz com que as pessoas queiram menos? 39

6 Quando o bônus se torna ônus? 44

7 Como um produto novo e superior implica em mais vendas de um inferior? 47

8 O medo persuade ou paralisa? 51

9 O que o xadrez nos ensina sobre jogadas persuasivas? 54

10 Que material de escritório pode aumentar sua influência? 59

11 Por que os restaurantes devem jogar fora suas cestas de balinhas?   62

12 Qual é o atrativo em não ter compromisso?   65

13 Os favores se comportam como pão ou como vinho?   69

14 Como o pé na porta pode levar a grandes passos?   72

15 Como tornar-se um mestre jedi da influência social?   77

16 Como uma simples pergunta pode aumentar drasticamente o apoio a você e às suas ideias?   81

17 Qual é o princípio ativo dos compromissos duradouros?   85

18 Como combater a coerência com coerência?   89

19 Que dica de persuasão podemos pedir a Benjamin Franklin?   92

20 Quando pedir pouco significa muito?   95

21 Começar por baixo ou por cima? O que faz com que as pessoas comprem?   98

22 Como é possível se exibir sem que isso seja notado?   102

23 Qual é o perigo oculto em ser a pessoa mais brilhante na sala?   107

24 O que pode ser aprendido com a síndrome da comandantite?   111

25 Como a natureza das reuniões leva a desastres anormais?   115

26 Quem é o melhor persuasor: o advogado do diabo ou o verdadeiro dissidente?   119

27 Quando a maneira certa pode ser a errada?   122

28 Qual é a melhor maneira de transformar um ponto fraco em um ponto forte?   125

29 Que falhas destravam as caixas-fortes de uma pessoa?   129

30 Quando é certo admitir que você estava errado?   133

31 Quando você deve ficar satisfeito ao saber que o servidor caiu?   137

32 Como as semelhanças podem fazer diferença?   141

33 Quando seu nome é sua atividade?   144

34 Que orientação podemos receber daqueles que recebem gorjetas?   150

35 Que tipo de sorriso pode fazer com que o mundo sorria de volta?   155

36 O que pode ser aprendido com as multidões que compram toalhas de chá?   159

37 O que você pode ganhar com a perda?   164

38 Que palavra pode reforçar suas tentativas de persuasão?   170

39 Quando pedir todos os motivos é um erro?   175

40 Como a simplicidade de um nome pode fazer com que ele pareça mais valioso?   179

41 Como a rima pode influenciar na sua volta por cima?   184

42 O que a prática de colocar pesos nos tacos de beisebol nos fala sobre persuasão?   188

43 Como você pode ganhar a dianteira na busca da lealdade?   191

44 O que uma caixa de lápis de cor nos ensina sobre persuasão? 194

45 Como você pode embalar sua mensagem para assegurar que ela continue sem parar, sem parar e sem parar? 197

46 Que objeto pode persuadir as pessoas a refletirem sobre seus valores? 203

47 Seu mau humor prejudica suas negociações? 207

48 Como a emoção pode desencadear a persuasão? 211

49 O que pode fazer com que as pessoas acreditem em tudo que leem? 214

50 Os laboratórios "trimetil" estão impulsionando sua influência? 218

A influência no século XXI   221

A influência ética   248

Influência em ação   252

Notas de pesquisas   261

Sim!
Introdução

Se o mundo é um palco, então pequenas mudanças nas falas podem produzir efeitos espetaculares

Há um comentário engraçado que o comediante Henny Youngman fazia sobre suas hospedagens: "Que hotel! As toalhas eram tão grandes e macias que eu quase não consegui fechar a mala."

Nos últimos anos, contudo, o dilema moral que os hóspedes encaram mudou. A questão de *remover* ou não as toalhas do quarto foi substituída pela questão de *reutilizar* ou não as toalhas durante a estadia. Com a adoção cada vez mais difundida de programas ambientais, os hotéis pedem cada vez mais aos hóspedes que voltem a usar as toalhas, para ajudar a conservar recursos, poupar energia e reduzir a quantidade de poluentes derivados de detergentes, liberados no meio ambiente. Na maioria dos casos, esse pedido chega na forma de um cartão deixado nos banheiros.

Esses cartões proporcionam grandes descobertas a respeito da quase sempre secreta ciência da persuasão.

Com uma série quase ilimitada de ângulos para interpretar e fios motivacionais para puxar, que palavras devem ser escritas no cartão a fim de tornar o pedido mais persuasivo para os hóspedes? Antes de responder, o que faremos nos dois primeiros capítulos, vamos checar como os criadores das mensagens contidas nesses cartõezinhos costumam incentivar os hóspedes a participar desses programas. Uma pesquisa das mensagens apresentadas por dezenas desses cartões, coletados de um grande número de hotéis localizados em várias partes do mundo, revela que elas, em geral, tentam incentivar a reciclagem de toalhas fazendo com que as pessoas se concentrem quase exclusivamente na importância da proteção ambiental. Informam a elas, quase invariavelmente, que reutilizar as toalhas conservará recursos naturais e ajudará a poupar o ambiente de esgotamento e destruição maiores. Essa informação quase sempre vem acompanhada de imagens chamativas que tenham relação com o meio ambiente, que vão de arco-íris, passando por gotas de chuva e florestas tropicais... até renas.

Parece que essa estratégia de persuasão é eficaz. Por exemplo, um dos maiores criadores dessas mensagens relata que a maioria dos hóspedes que tem a oportunidade de participar desses programas reutiliza as toalhas pelo menos uma vez durante sua permanência no hotel. O nível de participação alcançado por conta desses avisos chega a ser considerado impressionante.

Os psicólogos sociais, entretanto, estão sempre à procura de novas formas de aplicar seus conhecimentos científicos para criar diretrizes e métodos ainda mais eficazes. Mais ou menos como um outdoor que diz "Seu anúncio aqui", esses cartõezinhos que incentivam a reciclagem nos transmitem, praticamente implorando, "Teste suas ideias aqui". E foi o que fizemos. Conforme explicaremos, mostramos que, ao fazer uma pequena modificação no modo como é feito o pedido, as cadeias de hotéis podem ir muito, muito melhor.

* * *

Como, precisamente, se poderia aumentar a eficácia desse tipo de campanhas ambientais é apenas um dos problemas. De maneira muito mais ampla, vamos afirmar que a capacidade de persuadir outras pessoas pode aumentar quando se aprendem estratégias de persuasão que foram cientificamente comprovadas. Conforme este livro revelará, modificações pequenas, fáceis, nas nossas mensagens podem torná-las muitíssimo mais convincentes. Vamos relatar vários estudos, alguns feitos por nós, alguns por outros cientistas, que demonstram essa questão em diferentes situações. Ao longo do livro, abordaremos os princípios que fundamentam as descobertas feitas. Nosso principal objetivo é proporcionar ao leitor um melhor entendimento dos processos psicológicos que dão base ao nosso modo de influenciar os outros para direcionar seus comportamentos a resultados positivos para ambas as partes. Além de apresentar uma série de estratégias de persuasão eficazes e éticas, discorreremos sobre o que deve ser observado para ajudá-lo a resistir às influências sutis e evidentes no nosso processo de tomar decisões bastante usual.

É importante notar que, em vez de confiar na psicologia popular ou na "experiência pessoal", abordaremos a que está por trás das estratégias bem-sucedidas de influência social no contexto de evidências rigorosamente científicas que as apoiam. Nós o faremos indicando um número de ocorrências que podem ser explicadas por meio de um maior entendimento da psicologia da influência social. Por exemplo, por que, imediatamente após a notícia do falecimento de um dos mais estimados papas da história moderna, milhares de pessoas invadiriam lojas, a quilômetros de distância do acontecido, para comprar lembranças que nada tivessem a ver com o papa, com o Vaticano ou com a Igreja Católica? Também falaremos sobre o suprimento de escritório que pode tornar muito mais eficazes suas tentativas de persuasão, sobre o que Luke Skywalker pode nos ensinar sobre a liderança, sobre o erro que os comunicadores tanto cometem e que faz com que a mensagem seja ineficaz, sobre como transformar nossas fraquezas em pontos fortes, e sobre os motivos pelos quais, às vezes, ver a si mesmo — e ser visto por outros — como especialista pode ser tão perigoso.

A persuasão como ciência, e não arte

A persuasão vem sendo estudada por meios científicos há mais de meio século. Não obstante, ela se assemelha a uma ciência secreta, quase sempre oculta nas páginas de publicações acadêmicas. Considerando-se o grande volume de pesquisas já feitas sobre o assunto, talvez seja útil reservar um momento para pensar no porquê de essa pesquisa ser, quase sempre, tão menosprezada. Não surpreende que aqueles que enfrentam opções sobre como influenciar pessoas costumem basear suas decisões em pensamentos fundamentados por campos como a economia, a ciência política e as políticas públicas. O que nos deixa intrigados, contudo, é a frequência com que os responsáveis pela tomada de decisões deixam de levar em conta teorias e métodos consagrados da psicologia.

Uma explicação é que, ao contrário do que consideram os campos da economia, da ciência política e das políticas públicas, que envolvem o aprendizado com elementos à parte para que seja alcançado um nível mínimo de competência, as pessoas já têm um entendimento intuitivo dos princípios psicológicos simplesmente por viver a vida e interagir com os outros. Como consequência disso, estão menos propensas a estudar e consultar as pesquisas psicológicas quando tomam decisões. Esse excesso de confiança leva à perda de oportunidades de ouro para influenciar pessoas — ou, ainda pior, ao mau uso dos princípios psicológicos, em detrimento delas mesmas e dos outros.

Além de confiarmos excessivamente em nossas experiências pessoais, também confiamos demais na introspecção. Por exemplo, por que os profissionais de marketing contratados para criar as placas que incentivam a reutilização de toalhas focam quase exclusivamente o impacto que essa prática pode causar sobre o ambiente? Provavelmente fizeram o que qualquer um de nós faria — perguntaram a si mesmos "O que *me* motivaria a participar de um desses programas reaproveitando as minhas toalhas?". Ao examinar as próprias motivações, perceberíamos que um sinal que apelasse aos nossos valores e à nossa identidade como indivíduos envolvidos com o meio ambiente seria especialmente incentivador. Mas, ao fazê-lo, também deixaríamos de perceber como aumentar a efetividade do pedido apenas trocando algumas palavras.

A persuasão é uma ciência. Sempre foi citada como arte, mas isso é um engano. Embora seja possível ensinar algumas técnicas a artistas talentosos para que aprimorarem suas capacidades naturais, aquele que for realmente notável precisa de talento e criatividade, o que nenhum instrutor consegue transmitir a outra pessoa. Felizmente, esse não é o caso da persuasão. Mesmo quem se considera peso leve em persuasão — pessoas que não se acham capazes de convencer uma criança a brincar — consegue aprender e se tornar um peso-pesado, bastando para isso compreender a psicologia da persuasão e adotar as estratégias comprovadas pela ciência como eficazes.

Quer você seja gerente, advogado, profissional da saúde, legislador, garçom, vendedor, professor ou algo completamente diferente, este livro foi criado para ajudá-lo a se tornar um mestre da persuasão. Descreveremos certas técnicas baseadas no que um de nós (Robert Cialdini) explorou no livro *Influence: Science and Practice* como sendo os seis princípios universais da influência social: reciprocidade (sentimo-nos obrigados a retornar favores que nos fazem), autoridade (procuramos especialistas que nos ensinem o caminho), compromisso/coerência (queremos agir de maneira compatível com nossos compromissos e valores), escassez (quanto menos disponível o recurso, mais o queremos), gosto (quanto mais gostamos das pessoas, mais queremos dizer-lhes sim) e a influência social (procuramos saber o que os outros fazem para orientar nosso comportamento).

Vamos conversar sobre o que esses princípios significam e como funcionam quase detalhadamente, mas não nos limitaremos a isso. Embora os seis princípios sustentem a maioria das estratégias bem-sucedidas de influência social, existem muitas técnicas de persuasão que se baseiam em outros fatores psicológicos, o que vamos expor.

Também destacaremos o modo como essas estratégias operam em contextos diversos, tocando não apenas no local de trabalho, mas também em outras interações pessoais — por exemplo, com os pais, vizinhos ou amigos. Os conselhos que daremos serão práticos, voltados para a ação, éticos e fáceis de seguir, e vão requerer pouco esforço ou custos adicionais, que resultarão em grandes vantagens.

Com um pedido de desculpas a Henny Youngman, esperamos que, ao terminar a leitura deste livro, a sua caixa de ferramentas persuasivas esteja equipada com tantas estratégias de influência social cientificamente comprovadas que você quase nunca terá uma chance de fechá-la.

1
Como aumentar seu poder de persuasão incomodando a plateia?

Os "infomerciais" são cada vez mais comuns. Colleen Szot é uma das mais bem-sucedidas redatoras do ramo da programação paga. E por um bom motivo: além de escrever vários "infomerciais" famosos nos EUA, ela recentemente produziu um que gerou um número recorde de vendas, há vinte anos não alcançado por um canal. Embora seus programas adotem muitos dos elementos comuns na maioria dos infomerciais, incluindo refrões cativantes, uma plateia que demonstra um entusiasmo fora do comum e a aprovação de celebridades, Szot trocou três palavras em uma frase, comum em infomerciais, e isso provocou um aumento enorme no número de pessoas que compraram o produto. O que é ainda mais notável: essas três palavras deixaram claro para os compradores em potencial que o processo de encomenda do produto poderia causar aborrecimentos. Quais foram essas três palavras? E como fizeram as vendas subirem como um foguete?

Szot trocou a conhecidíssima chamada "As telefonistas estão aguardando, ligue já" por "Se as telefonistas estiverem ocupadas, ligue novamente". À primeira vista, a modificação parece grosseira. Afinal, a mensagem parece sugerir que os clientes potenciais talvez tivessem de perder tempo discando e rediscando o número até conseguir, finalmente, falar com a vendedora. Essa opinião cética, no entanto, ignora o poder do princípio da influência social. Em resumo, quando as pessoas estão certas sobre determinada ação, costumam olhar para fora de si e para outros indivíduos ao seu redor a fim de orientar seus passos. No exemplo de Colleen Szot, pensemos no tipo de imagem mental provavelmente gerada quando ouvimos "as telefonistas estão aguardando": centenas de funcionárias entediadas lixando as unhas ou recortando papéis enquanto esperam ao lado de telefones silenciosos — uma imagem indicativa de pouca procura e poucas vendas.

Agora pensemos em como a percepção da popularidade do produto mudaria se ouvíssemos a frase: "Se as telefonistas estiverem ocupadas, ligue novamente." Em vez das entediadas e ociosas, talvez imaginemos telefonistas passando de uma ligação a outra sem interrupção. No caso da frase modificada, os telespectadores seguiram suas percepções sobre os atos dos outros, mesmo sendo esses totalmente anônimos. Afinal, "se as linhas telefônicas estão ocupadas, então outras pessoas iguais a mim, que estão assistindo a este infomercial, também estão ligando".

Muitas descobertas clássicas da psicologia social demonstram o poder da influência social nos atos de outras pessoas. Só para dar um exemplo, em uma experiência realizada pelo cientista pesquisador Stanley Milgram, junto com seus colegas, um assistente dos pesquisadores parou em uma rua movimentada de Nova York e permaneceu sessenta segundos olhando para o céu. Muitos dos transeuntes simplesmente contornaram o homem, sem dar ao menos uma olhadinha para checar o que ele estava vendo. No entanto, quando os pesquisadores acrescentaram mais quatro homens ao grupo de observadores, o número de pessoas que se juntou a eles quadruplicou.

Embora não restem dúvidas de que o comportamento de outras pessoas seja uma potente fonte de influência social, devemos indicar que quando perguntamos nos nossos próprios estudos se o comportamento alheio influencia o dos nossos entrevistados, eles afirmam com veemência que não. Mas os psicólogos sociais experimentais sabem que não é bem assim. Sabemos que a capacidade de identificar os fatores que afetam o comportamento é surpreendentemente fraca. Talvez este seja um dos motivos pelos quais os criadores daqueles cartõezinhos de incentivo à reutilização das toalhas não pensaram em adotar o princípio da influência social para obter vantagem. Ao perguntar a si mesmos "O que me motivaria?", é possível que não tenham levado em conta a sugestão bem real que os outros exerceriam em seu modo de agir. Em consequência disso, direcionaram a atenção em como a reutilização das toalhas contribuiria para a preservação do meio ambiente, uma motivação que parecia, pelo menos superficialmente, mais relevante para o comportamento desejado.

Lembram da descoberta de que a maioria dos hóspedes que encontra os pedidos de reutilização atende a eles algumas vezes durante a permanência no hotel? E se nós simplesmente informássemos esse fato aos hóspedes? Isso teria alguma influência sobre sua participação no programa de conservação? Dois de nós e mais um pesquisador resolvemos testar se tal abordagem nos cartõezinhos seria, de fato, mais persuasiva do que a já utilizada no cartão adotado em todo o ramo hoteleiro.

Para tanto, criamos dois cartões e, com a colaboração de um gerente, colocamos nos apartamentos de seu hotel. Um deles foi criado para expressar o tipo de mensagem elementar adotado por grande parte do ramo hoteleiro: pedia aos hóspedes que ajudassem a preservar o meio ambiente e que mostrassem seu respeito pela natureza participando do programa. O segundo se utilizava da influência social, com a mensagem honesta de que a maioria dos hóspedes reutilizava as toalhas pelo menos uma vez durante a permanência no hotel. Esses cartões, bem como alguns outros sobre os quais falaremos mais adiante, foram deixados aleatoriamente em diversos quartos.

Normalmente, os psicólogos sociais experimentais têm a sorte de contar com uma equipe de assistentes, estudantes ávidos por ajudar a compilar os dados. Porém, como você deve imaginar, nem eles nem os hóspedes gostariam de saber que pesquisadores invadiram o banheiro de seu quarto para recolher os nossos dados, nem o conselho de ética da nossa universidade (nem nossa mãe, aliás). Felizmente, os camareiros do hotel tiveram a bondade de se oferecer para a coleta dos dados. No primeiro dia em que determinado apartamento foi atendido, eles apenas registraram se o hóspede tinha optado por reutilizar pelo menos uma toalha.

Quando analisamos os dados, descobrimos que aqueles que souberam que a maioria dos outros hóspedes havia reutilizado as toalhas (o apelo da influência social), informação contida na mensagem que nunca tínhamos visto qualquer hotel empregar, apresentaram uma probabilidade de aceitação 26% maior do que aqueles que viram a mensagem elementar de proteção ambiental. Foi um aumento de 26% na participação em comparação com o normal do ramo, o que conseguimos com a simples troca de *algumas palavras* no aviso, comunicando o que os outros faziam. Nada mal para hóspedes que dizem não ser influenciados por nenhum fator.

Essas descobertas mostram que tomar conhecimento do poder da influência social pode fazer uma grande diferença nas tentativas de persuasão. Naturalmente, não devemos subestimar a importância do modo como comunicamos essa informação. É pouco provável que alguém aja de maneira favorável a um convite assim: "Ei, seja mais uma ovelha e junte-se ao rebanho. Béééééééé!". É provável que um enunciado mais positivo como "Junte-se a todos os outros e ajude a preservar o meio ambiente" seja melhor recebido.

Além de exercer um enorme impacto sobre as políticas públicas, a influência social pode fazer o mesmo na nossa vida profissional. Mais do que ostentar os nossos produtos campeões de vendas com estatísticas impressionantes que expressam a sua popularidade (imaginem a fachada do McDonald's declarando "bilhões e bilhões de lanches servidos"), seria bom que lembrássemos de sempre pedir depoimentos a clientes satisfeitos. Também é importante apresentar esses relatos quando estivermos nos apresentando a clientes em potencial, que podem precisar de garantias acerca das vantagens que nossa empresa oferece. Ou, melhor ainda, podemos criar uma situação em que os fregueses atuais tenham a oportunidade de testemunhar em primeira mão a possíveis clientes sobre o quanto estão satisfeitos conosco e com nossa empresa. Um modo de fazê-lo é convidar ambos, atuais e em potencial, para um almoço ou seminário e distribuir as cadeiras de modo que possam interagir com facilidade. Nessa configuração, é provável iniciarem conversas que expressem as vantagens de trabalhar com nossa empresa. E se enquanto recebemos confirmações de presença os convidados disserem que precisam voltar a nos telefonar para informar se comparecerão, não devemos deixar de informar a eles que, se o telefone estiver ocupado, devem continuar tentando...

2

O que faz com que as pessoas passem a aceitar sua popularidade?

Nossa mensagem de influência social ressaltava a reutilização das toalhas, em comparação com o padrão do ramo, para sabermos que há motivação que faz com que as pessoas reproduzam o comportamento de outras. Mas essa descoberta apresenta mais uma questão: *de quem* são os comportamentos que as pessoas têm mais probabilidade de imitar?

Por exemplo, será que as pessoas se sentiriam mais persuadidas a reutilizar as toalhas se a informação de influência social comunicasse o comportamento de pessoas que se hospedaram particularmente *no mesmo apartamento* que o seu, e não de pessoas que se hospedaram no hotel em geral? Há alguns bons motivos para esperarmos que não. Na verdade, dar mais crédito às normas de um apartamento em especial é irracional por dois motivos: primeiro, de um ponto de vista puramente lógico, é provável que o hóspede não veja sob luz especialmente positiva os ocupantes anteriores do mesmo apartamento. Afinal, são as mesmas pessoas que, ao hospedar-se ali anteriormente, tiveram um papel fundamental na redução de sua qualidade e de suas instalações, mais do que quaisquer outros hóspedes. Em segundo lugar, não há motivo para crer que o comportamento dos que ocuparam o apartamento anteriormente seja mais válido que, digamos, o comportamento daqueles que se hospedaram no apartamento ao lado. Não obstante, conforme já explicamos, muitas pesquisas psicológicas demonstram como estamos sempre errados em relação ao que nos motiva a adotar determinado comportamento.

Você deve lembrar que a mensagem de influência social usada no estudo do hotel informava aos hóspedes que outros iguais a eles — especificamente, a sua maioria — reutilizaram as toalhas pelo menos uma vez durante a permanência. Resolvemos levar a semelhança percebida adiante realizando outro estudo, em que alguns hóspedes viam um pedido de reutilização das toalhas comunicando a influência social de outros que tinham ficado no *mesmo apartamento* em que estavam hospedados. Assim, além do apelo normal de proteção ambiental e do apelo à influência social usados no estudo anterior, alguns hóspedes viram um aviso anunciando que a maioria das pessoas que se hospedaram naquele apartamento tinha participado do programa de reutilização de toalhas em algum momento.

Quando analisamos os dados, percebemos que aqueles que souberam que a maioria dos outros hóspedes do mesmo apartamento tinha participado somavam ainda mais probabilidades de participar do que os que souberam das normas gerais do hotel. E, comparado ao pedido básico, houve um aumento de 33% em participação. Esses resultados indicam que, se Henny Youngman tivesse encontrado uma placa no banheiro indicando que ninguém que estivera naquele apartamento roubara toalhas, talvez tivesse tido muito mais facilidade para fechar a mala quando se preparou para deixar o hotel. Mas por quê?

Geralmente é benéfico seguirmos as normas comportamentais associadas ao ambiente, à situação ou às circunstâncias que se aproximam mais das nossas. Por exemplo, quando estamos em uma biblioteca pública, seguimos as normas dos outros frequentadores, folheando livros calmamente na seção de ficção e, ocasionalmente, fazendo comentários em voz baixa com os amigos, ou seguimos as normas de quem vai ao nosso bar predileto, batendo com os livros na testa como uma afronta e fazendo brincadeiras em que se toma um gole sempre que se lê uma palavra com a letra "e"? Se quisermos evitar a expulsão da biblioteca, o que aconteceria se o bibliotecário nos visse com o livro a caminho da testa, obviamente optamos pelo primeiro, e não pelo segundo comportamento.

Já discorremos sobre a importância dos depoimentos quando se tenta mudar a opinião de outras pessoas em nosso benefício. Os resultados dessa experiência indicam que, quanto mais semelhante ao novo público-alvo a testemunha for, mais persuasiva se torna a mensagem. Isso quer dizer que, ao decidir quais depoimentos mostrar a um possível consumidor, precisamos deixar o ego. Não devemos começar com aquele de que mais nos orgulhamos, mas com aquele cujas circunstâncias são mais próximas à do público visado. Por exemplo, uma professora tentando convencer um aluno a frequentar mais as aulas deve pedir comentários sobre as vantagens de fazê-lo não aos alunos da primeira fila, mas, pelo contrário, aos alunos mais semelhantes aos alunos faltosos.

Mais um exemplo: quem vende software ao dono de uma cadeia de salões de beleza será mais influenciado por informações a respeito da satisfação dos donos de outros salões, não dos magnatas da British Airways. Afinal, é provável que os vendedores pensem assim: "Se outros *iguais a mim* obtiveram bons resultados com este produto, então deve dar certo comigo também."

E quem é chefe ou gerente, tentando convencer os empregados a adotar um novo sistema, deve pedir um testemunho de outros dentro do mesmo departamento que já tenham concordado em fazer a mudança. Mas e se, ao tentar, restar um empregado teimoso — talvez a pessoa que trabalha com o sistema antigo há mais tempo — a quem você ainda não tenha conseguido conquistar? Um erro comum que os gerentes podem cometer em tal caso seria escolher o colega mais eloquente para tentar explicar as vantagens ao colega relutante, mesmo que seja totalmente diferente dele em inúmeros aspectos importantes. Em vez disso, o melhor que o gerente poderia fazer talvez fosse pedir opiniões de um colega semelhante — provavelmente alguém que também trabalhou muito tempo com aquele sistema — mesmo que tal pessoa seja um pouco menos comunicativa ou apreciada pelos outros empregados.

3

Que erro comum faz com que as mensagens se autodestruam?

Os comerciais são tipicamente criados para movimentar produtos, e não pessoas. No início da década de 1970, a organização Keep America Beautiful criou um anúncio tão comovente que muitos o consideram ser, talvez, o mais eficiente de utilidade pública de todos os tempos. Criada para infundir diariamente uma porção extra de fibra moral na dieta de TV dos Estados Unidos, a vinheta apresentava um nativo reagindo à destruição generalizada do meio ambiente, que a observava deixando cair uma única, mas, potente, lágrima. Muitos anos depois, a mesma empresa voltou a visitar o velho amigo em uma nova campanha. Dessa vez, a câmera apresentava algumas pessoas aguardando em um ponto de ônibus, fazendo coisas do cotidiano, como tomar café, ler jornal e fumar. O ônibus chega, todos embarcam e o foco se forma na área vazia, então coberta de xícaras, jornais e pontas de cigarro. Quando a câmera faz uma panorâmica da cena, da direita para a esquerda, aproxima-se lentamente de um cartaz do nativo, como se ele observasse a cena, com uma lágrima caindo. Quando a tela se desfaz em preto, surge a mensagem para ser guardada na memória: "De volta por desatenção popular."

De volta por desatenção *popular*. Que tipo de mensagem é passada com essa frase e em relação aos ambientes apresentados no anúncio? Os espectadores são informados de que, apesar da forte desaprovação de um mau comportamento em relação ao meio ambiente, muita gente, de fato, o pratica. Embora comunicar uma intensa condenação dessa atitude seja motivador, traz a ideia de que é uma prática comum reforçando a influência social para a prática desse mesmo comportamento. O princípio da influência social afirma que a tendência de todos é adotar o comportamento mais popular, e isso pode surtir efeitos positivos ou não.

Há muitos outros exemplos na vida cotidiana. Postos de saúde e hospitais afixam avisos nas paredes das salas de espera reclamando dos inúmeros pacientes que não aparecem para as consultas, e se frustram quando os índices de faltas aumentam ainda mais. Os partidos políticos não entendem o impacto que os discursos que condenam o aumento da apatia dos eleitores causa, pois o número de eleitores abstinentes é cada vez maior. No Arizona, os visitantes do Petrified Forest National Park são logo informados pelos avisos expostos de que a existência do parque está ameaçada porque é grande o número de pessoas que arrancam do solo pedaços de madeira petrificada: *"Seu patrimônio vem sendo depredado todos os dias, resultando no roubo de 14 toneladas de madeira petrificada por ano, e quase sempre é retirado um pedacinho de cada vez."*

Embora esses exemplos possam de fato expressar a realidade e claramente as melhores intenções, os responsáveis por essas campanhas talvez não percebam que, ao usar influência social negativa, podem estar, sem perceber, focando a atenção do público-alvo na permanência, e não na inconveniência, do comportamento contido na mensagem. Realmente, tomamos conhecimento do problema do roubo de madeira no parque por meio de uma história que um ex-aluno de pós-graduação contou. Ele visitou o Petrified Forest National Park com a noiva — uma mulher que ele descreveu como a pessoa mais honesta que já conhecera, alguém que nunca pedira nem um clipe de papel emprestado sem devolver depois. Encontraram o aviso que advertia contra o roubo de madeira petrificada. Ainda lendo a placa, ele ficou chocado quando sua noiva, que sempre obedecia às leis, deu-lhe uma cotovelada e disse: "É melhor pegarmos logo o nosso pedaço."

Para testar o papel da influência social negativa (e ver se poderíamos criar uma mensagem mais eficaz), um de nós, junto com uma equipe de outros cientistas comportamentais, criou dois avisos com o objetivo de impedir o roubo de madeira do parque. Um deles transmitia a mensagem de que muitos outros visitantes haviam agido de forma errada. Dizia: "Muitos visitantes retiraram madeira petrificada do parque, alterando seu estado natural", e continha uma foto com diversas pessoas sendo flagradas. O outro, pelo contrário, não apresentava nenhuma informação de influência social; simplesmente declarava que agir daquele modo não era apropriado nem permitido, e dizia: "Favor não remover madeira petrificada do parque, preservando, assim, seu estado natural". Esse aviso continha a imagem de um visitante solitário roubando um pedaço de madeira, com um círculo vermelho cortado ao meio na diagonal (isto é, o símbolo universal de "proibido") sobre a mão dele. Tínhamos também uma situação de controle, em que não usávamos nenhuma dessas placas.

Sem que os visitantes soubessem, depositamos pedaços de madeira petrificada ao longo da trilha que eles percorriam. Também colocamos placas diferentes (se houvesse) à entrada de cada trilha. Assim procedendo, pudemos observar qual seria o efeito de cada uma sobre os roubos.

Em uma descoberta que deve petrificar a administração do Parque Nacional, em comparação com a situação sem placa, em que 2,92% das peças foram roubadas, a mensagem de influência social negativa resultou em *mais* roubos (7,92%). Em essência, o número quase triplicou. Essa não era uma estratégia de prevenção ao crime; era uma *estratégia de promoção do crime*. Por outro lado, a mensagem que simplesmente pedia aos visitantes que não roubassem madeira resultou em furtos, mesmo que com pouca diferença, menos (1,67%) do que a situação de controle. Esses resultados confirmam a ideia de que, quando a influência social em determinado contexto indica que ocorre um comportamento indesejado com frequência lastimavelmente alta, publicar esse dado pode, de fato, provocar danos convenientes. Portanto, em vez de oferecer a informação de influência social negativa, os emissores de uma recomendação devem, nessas circunstâncias, chamar a atenção do público para o tipo de comportamento que se deve ou não adotar em tal situação. Ou, se as circunstâncias o permitirem, pode-se dar enfoque em todas as pessoas que praticam o comportamento positivo. Às vezes se pode fazer isso com uma simples mudança de perspectiva das estatísticas. Por exemplo, embora todo ano sejam roubadas do parque 14 toneladas de madeira, o verdadeiro número de ladrões é ínfimo (só 2,92% do total de visitantes) se comparado ao número altíssimo de pessoas que respeitam as regras do parque e optam por preservar seus recursos naturais.

Quais as implicações ao tentarmos ser mais persuasivos? Vamos imaginar que somos gerentes, e percebemos que a frequência às reuniões mensais está diminuindo. Em vez de chamar atenção para o fato em si, podemos, além de expressar desaprovação, dar destaque ao fato de que os ausentes são a minoria, evidenciando o grande número de pessoas que realmente aparecem. De maneira semelhante, seria aconselhável que os gerentes de empresas divulgassem o número de departamentos, funcionários ou colegas de trabalho que já incorporaram um novo modo de trabalho, um software novo ou um plano de atendimento a um cliente novo ao cotidiano. Ao fazê-lo, podem ter certeza de estar usando o poder da influência social em vez de fazer com que aconteça o contrário ao reclamar daqueles que não mudaram de atitude.

4
Quando a persuasão pode surtir efeito contrário, como evitar o "meio magnético"?

O estudo Petrified Forest deixa claro que temos uma tendência natural a fazer o que a maioria faz, mesmo que esse comportamento seja socialmente indesejável. Mas, embora recomendemos tentar reformular a mensagem para que o foco incida sobre todos os que se comportam de maneira mais correta nesses casos, infelizmente isso nem sempre é possível. O que o persuasor deve fazer nessas situações?

Vejamos um estudo realizado por dois de nós com o grande pesquisador Wes Schultz e vários outros colegas de trabalho. Primeiro, conseguimos permissão de umas trezentas famílias da Califórnia para registrar seu consumo semanal de energia. Então, pedimos a alguns assistentes de pesquisa que fossem para as laterais ou para o quintal das casas participantes e lessem os medidores para ter um parâmetro da quantidade de energia que essas famílias consumiam por semana.* Depois disso, penduramos na porta de cada casa um

---

* Para quem se preocupa com a saúde dos nossos leituristas, devemos notificar que eles executaram a tarefa durante o dia, e não permitimos que fossem a quintais onde houvesse cachorros soltos. Portanto, garantimos que nenhum assistente se prejudicou durante esta pesquisa.

cartãozinho que dava informações aos proprietários sobre a comparação do seu consumo de energia com a média da vizinhança. Naturalmente, metade das famílias consumia mais energia do que a média, ao passo que a outra metade consumia menos.

Descobrimos que, nas semanas seguintes, os que consumiam mais energia que seus vizinhos reduziram o consumo em 5,7%. Não chega a surpreender. O mais interessante, contudo, foi a descoberta de que aqueles que consumiam *menos* do que os vizinhos, na verdade, *aumentaram* o consumo em 8,6%. Esses resultados mostram que aquilo que a maioria faz funciona como uma espécie de "meio magnético", ou seja, aqueles que se desviam da média tendem a ser atraídos para ela — mudam o comportamento para se alinhar com a norma, não importando se antes seu comportamento era socialmente desejável ou não.

Então, como evitar a consequência negativa que ocorre quando quem já está agindo de maneira socialmente consciente descobre que está se desviando da norma (menos desejável)? Talvez fosse útil expor um pequeno emblema, símbolo da aprovação da sociedade pelo seu comportamento positivo, o que não só indicaria sua atratividade social, mas também daria um reforço positivo ao levantar o ego. Mas que tipo de símbolo deveríamos usar? Uma imagem de polegares para cima? Um selo de aprovação?

Que tal uma simples carinha sorridente? Para testar essa ideia, acrescentamos ao nosso estudo mais uma situação experimental. Nessas casas, a informação contida no cartão era acompanhada por uma carinha alegre (☺) ou por uma triste (☹), dependendo, é claro, de estarem usando mais ou menos energia do que a média da vizinhança. Os dados revelaram que acrescentar a carinha triste não fez grande diferença. Em outras palavras, aqueles que tinham um consumo relativamente alto de eletricidade apresentaram uma redução de mais de 5%, quer o cartão contivesse uma carinha triste ou não. Ficamos impressionados, contudo, com o impacto causado ao acrescentarmos a carinha sorridente à informação dada àqueles que apresentavam um consumo relativamente baixo. Embora os que não receberam símbolo nenhum tenham demonstrado aquele aumento de 8,6% no consumo de energia de que falamos antes, aquelas casas com carinhas alegres continuaram a ter o mesmo consumo.

Os resultados desse estudo não apenas demonstram o poder da norma social para atrair um comportamento como se fosse um ímã, mas também de que forma podemos reduzir a probabilidade de que nossa mensagem de aprovação por comportamento desejável surta o efeito contrário sobre as pessoas que a recebem.

Para usar outro exemplo, vamos supor que um relatório interno de uma grande empresa se torne público, e declare que um número razoável de empregados chegam atrasados 5,3% das vezes. A boa notícia é que aqueles que chegam tarde com maior frequência provavelmente ajustarão seu comportamento para ficar mais alinhados com a norma; o ruim é que também o farão aqueles que são quase sempre pontuais. Essa pesquisa deixa claro que aqueles que costumam chegar na hora devem ser imediatamente aplaudidos pelo comportamento positivo e se deve deixar claro para eles o quanto a pontualidade é admirada.

Aqueles que trabalham com serviços públicos também devem levar em conta o impacto de suas mensagens. Por exemplo, embora os índices de falta possam estar em alta nas salas de aula, os educadores devem declarar publicamente o fato de que a maioria dos pais faz questão de cuidar para que seus filhos compareçam sempre às aulas, não poupando elogios e demonstrando, ao mesmo tempo, clara desaprovação pelo pequeno número de pais que não o fazem.

5

Quando oferecer mais faz com que as pessoas queiram menos?

Todos conhecem essa sensação. Começamos em um emprego novo e somos, imediatamente, inundados com quilos de documentos, nos cobrando todo o tipo de decisões importantes. Para muita gente, uma das decisões a ser tomada é optar ou não por ingressar em um plano de aposentadoria, em que parte do nosso salário é automaticamente depositada em um fundo de investimentos a que poderemos ter acesso anos mais tarde. Se decidirmos participar desse plano, normalmente nos darão muitas opções para que encontremos a que for melhor para nós. No entanto, apesar dos numerosos incentivos para ingresso nesses planos, os quais sempre oferecem vantagens fiscais compatíveis com as contribuições dos empregados, muita gente não os aproveita. Por que não? Seria porque as empresas estão, sem perceber, desencorajando o ingresso por ofertas em excesso?

A cientista comportamental Sheena Iyengar pensa assim. Ela e alguns colegas analisaram planos de aposentadoria patrocinados por empresas que somam juntas quase 800 mil empregados, para ver o quanto variavam os índices de participação em função do número de fundos oferecidos.

É claro que os pesquisadores descobriram que quanto mais opções eram oferecidas, menos provável era que adotassem o programa. Descobriram também que, para cada dez fundos adicionais que a empresa oferecia, o índice de participação caía quase 2%. Só por uma questão de comparação, descobriram que, quando ofereciam apenas 2 fundos, o índice de participação era de mais ou menos 75%, mas quando ofereciam 59, o índice caía para cerca de 60%.

Iyengar e o colega sociólogo Mark Lepper também examinaram se o efeito negativo de oferecer opções demais surtia em outros setores, como o dos alimentos. Montaram um quiosque de degustação em um supermercado de classe alta em que as pessoas podiam provar uma série de geleias, todas de um único fabricante. Durante o estudo, os pesquisadores variaram o número de sabores da geleia oferecido, para que todos os 6 ou 24 sabores estivessem sempre presentes e visíveis. Os resultados demonstraram uma diferença clara e assombrosa entre as duas situações: só 3% dos que se aproximaram da exposição de mais sabores compraram geleia. Compare isso com os 30% que compraram geleia da que tinha escolha limitada.

O que poderia explicar esse número dez vezes maior nas vendas? Os pesquisadores indicam que, quando são oferecidas tantas opções, os consumidores podem achar frustrante o processo de decisão, talvez pela dificuldade em ter de distingui-las. Isso pode resultar em desinteresse, o que leva à redução geral de motivação e interesse pelo produto. A mesma lógica se aplica aos planos de aposentadoria.

Isso significa que oferecer muitas variedades e alternativas é sempre ruim? Antes de tentarmos responder esta pergunta, vamos primeiro falar de uma das mais conhecidas lojas de doces de Vancouver, La Casa Gelato. A sorveteria oferece *gelato*, sorvete e *sorbetto* em qualquer sabor que possamos imaginar — ou não. O que começou como *Sports and Pizza Bar*, no distrito comercial de Vancouver em 1982, cresceu e se transformou no que o proprietário Vince Misceo define como "o país das maravilhas dos sorvetes". Ao entrar na sorveteria, as pessoas se deparam com um conjunto diverso de mais de duzentos sabores, entre eles aspargos, figo e amêndoas, vinagre balsâmico envelhecido, jalapeno, alho, alecrim, dente-de-leão e curry, só para citar alguns.

Mas, levando-se em conta as descobertas de que falamos, será que Vince Misceo e sua sorveteria com mais de duzentos sabores cometeu um erro ao oferecer tudo isso? O proprietário obviamente adotou a filosofia de que oferecer mais opções às pessoas levaria a um número maior de vendas, e parece que, com esse sucesso, ele estava certo. Para começo de conversa, a ampla variedade de sabores gerou grande publicidade para o seu negócio — as ofertas variadas passaram a ser uma característica exclusiva de identificação da marca. Em segundo lugar, parece genuinamente apreciar a maior parte da clientela da sorveteria — tanto literal quanto figurativamente — o método de degustação e, por fim, de escolha dos sabores que gostariam de provar. E, em terceiro lugar, aumentar ao máximo o número de opções disponíveis pode ser especialmente útil quando as pessoas sabem exatamente o que querem e estão à procura de um lugar que atenda a seus desejos.

Contudo, há poucas empresas que dão a sorte de ter inúmeros compradores em potencial, literalmente salivando diante da oportunidade de escolher entre a vasta gama de produtos e serviços. Em vez disso, o que quase sempre acontece é que os possíveis clientes não sabem muito bem o que querem até pesquisarem o que está disponível para eles. Isso quer dizer que, para a maioria das empresas, uma vez que elas saturam o mercado com uma grande variedade de produtos desnecessários, podem muito bem estar prejudicando as vendas e, em consequência, reduzindo os lucros. Nesses casos, a empresa poderia incentivar a motivação dos clientes para a compra de seus produtos e serviços, bastando para isso atualizar sua linha de produtos e eliminar os artigos redundantes ou menos procurados.

Inúmeros dos principais fabricantes de uma série de produtos para consumo nos últimos anos têm racionalizado sua quantidade de opções, às vezes em função de uma modesta rebelião dos clientes contra o número excessivo de alternativas que lhes ofereciam. Tomemos como exemplo a Procter & Gamble, que oferece uma ampla gama de produtos, de sabão em pó a medicamentos. Quando a empresa reduziu o número de versões do Head & Shoulders, um de seus xampus mais procurados, de assombrosos 26 para "somente" 15, rapidamente alcançou um aumento de 10% nas vendas.

Então o que isso pode significar para nós? Vamos supor que trabalhamos em uma empresa que vende várias versões de um só produto. Embora possa parecer contraproducente a princípio, pode valer a pena pensar em uma redução no número de opções oferecidas pela empresa a fim de captar o máximo de interesse pelos produtos. Isso pode aplicar-se especialmente quando temos clientes que estão incertos sobre o que querem. Naturalmente, poderia haver vantagens adicionais em oferecer menos, tais como mais espaço para armazenagem, redução de gastos com matérias-primas, marketing e material de pontos de vendas, necessários para manter um portfólio menor. Um exercício compensador seria analisar a gama de produtos e perguntar a si mesmo:

Será que o número de opções que oferecermos pode estar fazendo com que os nossos clientes inseguros procurem alternativas em outro lugar?

As lições dessa pesquisa também podem ser aplicadas à vida doméstica. Dar opções aos filhos quanto a quais livros gostariam de ler ou ao que querem jantar pode, sem dúvida nenhuma, ser benéfico, mas ter alternativas demais pode ser sufocante e, por fim, desmotivador. Um velho ditado pode afirmar que a variedade é o tempero da vida, mas, conforme demonstram pesquisas específicas, em algumas circunstâncias, variedade demais, bem como tempero demais, pode ser o ingrediente que prejudica o prato e, em consequência, os esforços para persuasão.

6

Quando o bônus se torna ônus?

Artigos de papelaria. Caneta esferográfica. Estojo para cosméticos. Caixa de bombons. Amostra de perfume ou colônia. Troca de óleo. Tudo isso são exemplos de brindes ou serviços gratuitos oferecidos por empresas, e a qualquer momento da vida é provável que possamos nos sentir atraídos por comprar um produto apenas pelo brinde. Às vezes esses pequenos extras podem ser fundamentais para nos fazer preferir uma empresa a outra. Mas, se todos gostam de brindes, como poderiam ser distribuídos sem que o resultado seja oposto ao esperado?

A socióloga Priya Raghubir queria testar se quando brindes são oferecidos aos consumidores na compra de um produto (o produto-alvo), o valor percebido e a atratividade daquele, como produto independente, podem cair muito. Ela indicou que isso poderia acontecer porque os consumidores podem inferir que o fabricante do produto não distribuiria gratuitamente algo que tivesse valor. Na verdade, poderia até levá-los a perguntar: "O que poderia haver de errado com esse negócio?" Podem presumir, por exemplo, que o brinde está obsoleto ou fora de moda, ou talvez que a oferta tenha excedido demais a procura, e o fabricante esteja simplesmente tentando desencalhar o estoque.

Para testar a ideia de que o valor do produto cai quando é oferecido como brinde, Raghubir pediu aos participantes que vissem o catálogo de um *free shop* que apresentava bebidas alcoólicas como produtos-alvo e uma pulseira de pérolas como brinde. A um grupo, pediu que avaliassem a atratividade e o valor da joia no contexto do brinde; a outro, pediu que a avaliasse por si só. Os resultados confirmaram a hipótese: as pessoas estavam dispostas a pagar cerca de 35% menos pela pulseira quando a viram em conjunto com o produto-alvo na forma de brinde do que quando a viram como produto independente.

Essas descobertas revelam algumas consequências potencialmente negativas para as empresas que promovem uma determinada linha de produtos acrescentando itens ou serviços grátis que, de modo geral, são vendidos independentemente. Raghubir indica que uma maneira possível de impedir que aquilo oferecido seja subvalorizado é informar aos clientes qual é o verdadeiro valor da peça promocional. Por exemplo, vamos imaginar que trabalhamos em uma empresa de software. Um modo de atrair novos negócios é oferecer um software de graça, digamos um programa de segurança, aos clientes novos. Se nos anúncios e nos e-mails fizéssemos isso deixando de indicar quanto custaria se tivessem de pagar, perderíamos um modo eficaz de posicionar a oferta como valiosa e importante. Afinal, se você escrever "grátis", numericamente significa que o brinde não tem valor — o que não convém enviar a novos clientes em potencial a respeito do custo dos nossos produtos. Para garantir que a oferta seja vista como o objeto de valor que de fato é, precisamos provar isso ao cliente. Assim, sua mensagem não deveria mais dizer "Receba um programa de segurança gratuito". Pelo contrário, deve ser "Receba um programa de segurança no valor de 150 dólares sem pagar nada por isso".

A ideia de valorizar o que fazemos não se aplica apenas aos que administram uma empresa, mas também para qualquer pessoa que queira influenciar outras. Talvez digamos a um colega de trabalho que é um prazer fazer hora extra para ajudar a terminar uma proposta importante, porque sabemos o quanto ela vale para futuros clientes. Assim, valorizamos nosso tempo aos olhos do colega, uma estratégia que deve exercer mais influência do que quando simplesmente nada é dito.

De maneira semelhante, se estivermos na diretoria de uma escola que está promovendo um clube gratuito para os alunos após as aulas, devemos indicar no comunicado aos pais o quanto custaria se optassem por um clube particular. Ao fazer isso, não só geramos valor para a oferta, mas também é provável que, em consequência disso, aumente o número de associados no clube.

Além de terem implicações para transações públicas e privadas, essas descobertas também podem ter resultados positivos na família. Talvez seja possível usar os dados dessa pesquisa para convencer os pais de que, para evitar a desvalorização das opiniões, devem parar de dar conselhos gratuitos.

7

Como um produto novo e superior implica em mais vendas de um inferior?

Há alguns anos, uma loja norte-americana de produtos para cozinha, Williams-Sonoma, começou a oferecer uma máquina de fazer pão que era bem superior à campeã de vendas que tinham em estoque. Não obstante, quando acrescentaram esse novo produto ao estoque, as vendas da que já existia quase duplicaram. Por quê?

Williams-Sonoma é uma empresa de varejo muito bem-sucedida. Sua história de sucesso começou em fins dos anos 1940 e início de 1950, quando um homem chamado Chuck Williams, então empreiteiro em Sonoma, na Califórnia, viajou para Paris com alguns amigos. Ali eles viram, pela primeira vez, equipamentos franceses especializados para cozinha — frigideiras de omelete e formas para suflê cujos qualidade e estilo ele jamais tinha visto nos Estados Unidos. *Voilà*, surgiu a Williams-Sonoma Kitchen Outlet. A empresa cresceu depressa, abrindo mais lojas e lançando um serviço de vendas por catálogo. Hoje, junto com suas subsidiárias, tem vendas anuais de varejo que ultrapassam 3,5 bilhões de dólares. Uma parte dessas vendas provém da máquina de fazer pão citada acima.

Por quê? Segundo o pesquisador Itamar Simonson, quando os consumidores analisam várias versões de um produto, podem preferir alternativas que sejam um meio-termo — que estejam entre o que precisam, no mínimo, e o que talvez possam gastar, no máximo. Quando os compradores precisam decidir entre dois produtos, quase sempre fazem isso ao optar pela versão mais barata. Se a empresa oferecesse um terceiro produto mais caro que as outras duas opções, contudo, a escolha passaria do produto mais barato para o de preço moderado. No caso das máquinas de fazer pão da Williams-Sonoma, lançar uma máquina mais cara fez com que a outra máquina, na comparação, parecesse uma opção mais inteligente e econômica.

Como as lições aprendidas com uma máquina de fazer pão podem nos deixar, por assim dizer, ansiosos por aplicá-las? Digamos que somos proprietários ou gerentes responsáveis pela venda de uma série de produtos e serviços. Seria recomendável reconhecer que os melhores e mais caros produtos da empresa proporcionam duas importantíssimas vantagens em potencial. A primeira é que esses produtos podem atender às necessidades de um pequeno grupo de clientes atuais e futuros que se sintam atraídos por tais ofertas. Em consequência, veremos a entrada de mais rendimentos na empresa ao oferecê-los. A segunda vantagem, menos óbvia e talvez menos reconhecida, é que ter uma linha de primeira contendo uma versão de ponta de um produto que tenha o segundo preço mais alto será, provavelmente, considerado um produto de preço atraente.

Vejamos um exemplo cotidiano em que esse princípio quase nunca é usado em seu potencial máximo, e que muitos de nós conhecemos: escolher uma garrafa de vinho em um bar ou restaurante. Um número substancial de adegas e hotéis apresentarão seus vinhos mais caros ao final da carta de vinhos, onde os olhos dos clientes às vezes não chegam nunca ao analisar as opções. Em alguns estabelecimentos, os champanhes de ponta podem até estar listados em um cardápio separado, e, em consequência disso, os vinhos e os champanhes da faixa média de preço não são apresentados como escolhas intermediárias e, portanto, podem parecer menos atraentes para os clientes. Ao fazer apenas uma pequena alteração e oferecer esses vinhos e champanhes de alta qualidade no alto das cartas, o restaurante ou bar terá o poderoso elemento do meio-termo.

Essa estratégia também pode ser eficaz nas relações de trabalho. Por exemplo, vamos supor que sua empresa resolveu nos pagar para ir a um congresso que acontecerá durante um cruzeiro em alto-mar, e queiramos ficar em uma cabine com janela. Em vez de simplesmente pedir ao gerente uma opinião sobre a acomodação, podemos juntar essa opção a outras duas possibilidades — uma que não seja boa (cabine interna sem janela) e outra que seja claramente melhor, mas talvez cara demais (cabine com varanda). Quando elaboramos esse conjunto de alternativas à nossa opção predileta, aumentamos a probabilidade de que ele escolha a opção de nossa preferência.

A estratégia do meio-termo não se aplica apenas a máquinas de fazer pão, ao álcool e a acomodações. Qualquer um que tenha uma série de produtos ou serviços a oferecer pode ver seus produtos intermediários se tornarem mais procurados se forem oferecidos os mais caros antes. Também é importante reconhecer que, se a empresa emprega esse método do enquadramento em artigos de ponta, pode ser que uma inesperada queda nas suas vendas possa nos tentar a parar de oferecê-lo. Contudo, como sugere esta pesquisa, removê-lo sem substituí-lo por outro produto que seja top de linha pode produzir um efeito dominó negativo que começaria com a próxima versão de ponta do produto e o prejudiciaria. Essa mudança na escolha de meio-termo do cliente poderia nos deixar nesta mesma situação.

8
O medo persuade ou paralisa?

Em seu discurso de posse, o 32º presidente dos EUA, Franklin Delano Roosevelt, pronunciou as seguintes palavras famosas para ansiosos norte-americanos à época da Depressão: "Então, em primeiro lugar, quero declarar a minha firme convicção de que a única coisa que temos a temer é o nosso próprio medo... que paralisa os esforços necessários para transformar o recuo em avanço." Mas será que Roosevelt estava correto? Quando tentamos persuadir pessoas, o medo paralisa, conforme ele assegurou, ou motiva?

Em grande parte, pesquisas demonstraram que as comunicações que despertam medo costumam estimular os destinatários a tomar providências para reduzir a ameaça. No entanto, essa regra geral tem uma importante exceção: quando a mensagem em questão descreve o perigo, mas não informa aos destinatários meios claros, específicos e eficazes de reduzi-lo, eles podem lidar com o medo "bloqueando" a mensagem ou negando que se aplique a eles. Em consequência disso, podem de fato ficar paralisados e não tomar qualquer providência.

Em um estudo realizado por Howard Leventhal e alguns colegas, alunos tiveram que ler um folheto de saúde pública que detalhava os riscos de tétano. Havia panfletos repletos ou não de imagens assustadoras das consequências da doença. Além disso, apenas alguns dos alunos receberam um plano específico para providenciar uma vacina antitetânica. Por fim, havia um grupo de controle que não recebeu advertência a respeito do tétano, e sim um plano para tomar a vacina. A mensagem mais assustadora motivou os destinatários a só tomar a vacina se houvesse um plano de identificar as providências específicas que deviam tomar para garantir que a tomariam, assim reduzindo o temor do tétano. Essa descoberta ajuda a explicar por que é importante acompanhar mensagens muito atemorizantes que contenham recomendações específicas sobre o que fazer para diminuir o risco: quanto mais claramente as pessoas souberem qual comportamento ter para se livrar do medo, menos precisarão recorrer a meios psicológicos como a negação.

Também podemos aplicar essas descobertas às empresas e a outros setores. Por exemplo, campanhas publicitárias que informem aos clientes em potencial quais produtos e serviços da empresa podem evitar devem estar sempre acompanhadas de providências claras, específicas e eficazes que possam ser tomadas para reduzir o perigo. Simplesmente alarmar os clientes ao fazê-los crer que o seu produto ou serviço pode ajudar em um possível problema pode surtir o efeito contrário, levando-os à estagnação.

Outra implicação dessa pesquisa é que quem descobre um problema seríssimo em um projeto de grandes proporções realizado por uma empresa deveria anexar nos relatórios à administração pelo menos um plano de ação que poderia ser posto em vigor para evitar um possível desastre. Se for decidido falar primeiro com a administração e depois elaborar um plano, ela pode já ter descoberto meios de bloquear a mensagem ou recusar-se a admitir que ela se aplica àquele projeto.

Os profissionais da saúde e os comunicadores dos serviços públicos devem ter conhecimento das implicações desse estudo. Um médico ou uma enfermeira que queira persuadir um paciente obeso a emagrecer e fazer mais exercícios deve adverti-lo sobre os possíveis riscos de continuar como ele está, mas só se, após essa mensagem, forem demonstradas algumas providências claras e simples que o paciente possa tomar para que isso seja possível — talvez na forma de uma dieta específica ou de uma série de exercícios. Simplesmente indicar que ele corre um risco maior de adquirir doenças cardiovasculares e diabetes não emagrecendo pode servir apenas para incutir medo e negação no paciente. No caso dos funcionários públicos, transmitir uma imagem grotesca do impacto causado por comportamentos arriscados, tais como fumar, praticar sexo sem proteção e beber antes de dirigir, também pode ser ineficaz — ou mesmo surtir o efeito contrário — se a mensagem não for acompanhada por um bom plano de ação.

Dada a necessidade de juntar uma mensagem que comunique a ameaça em potencial com um plano claro, específico e fácil de seguir, talvez fosse preciso substituir a declaração de Roosevelt pela seguinte: "A única coisa que devemos temer é o medo por si só."

9
O que o xadrez nos ensina sobre jogadas persuasivas?

Em abril de 2005, apesar de enfrentar forte censura do governo dos Estados Unidos, o parlamento de um país soberano concedeu cidadania a um ex-campeão mundial de xadrez e fugitivo da justiça dos EUA, Bobby Fischer. Quem se arriscaria a abalar as relações com o país mais poderoso do mundo para proteger um fora da lei excêntrico que fala abertamente sobre os terroristas do 11 de Setembro? Foi o Irã? A Síria, talvez? Que tal a Coreia do Norte?

Na verdade, não foi nenhum desses. O país cujo parlamento aprovou por unanimidade a concessão de cidadania a Fischer foi a Islândia, normalmente aliada leal dos Estados Unidos. De todos os países do mundo, por que a Islândia estaria tão disposta a receber Bobby Fischer de braços abertos, principalmente após ele ter violado as sanções da ONU jogando uma partida valendo 5 milhões de dólares na antiga Iugoslávia?

A resposta desta questão exige que voltemos trinta anos no tempo, até uma partida de xadrez importantíssima: no Campeonato Mundial de Xadrez de 1972, entre o desafiante Fischer e o então campeão, o mestre russo

Boris Spassky. Nenhuma partida na história do jogo recebera mais publicidade por todo o mundo, e o xadrez ganhou um enorme incentivo por toda parte. A partida, disputada no auge da Guerra Fria, foi apelidada de Partida de Xadrez do Século.

Com sua excentricidade típica, Fischer não foi à Islândia para a cerimônia de abertura. Durante alguns dias, não havia certeza quanto à realização da partida, pois as autoridades estavam achando impossível atender às dezenas de exigências de Fischer, tais como proibir câmeras de televisão e 30% do dinheiro arrecadado na bilheteria. O seu comportamento estava repleto de contradições, assim como fora em toda a sua carreira e sua vida. Por fim, depois de uma surpreendente dobra no valor do prêmio e de muita persuasão, incluindo um famoso telefonema do Secretário de Estado dos EUA, Henry Kissinger, Bobby Fischer voou para a Islândia — foi derrotar Spassky com facilidade. Quando terminou a competição, teve cobertura nas páginas de todos os jornais, tanto nacionais quanto internacionais. De fato, a Islândia estava disposta a tolerar o controverso jogador porque, nas palavras de um jornalista islandês, "ele colocou a Islândia no mapa internacional".

Isso foi, obviamente, visto como um presente significativo que Fischer concedeu ao país isolado. Tal foi sua importância que, mais de trinta anos depois, os islandeses não haviam esquecido. Por exemplo, um representante do Ministério das Relações Exteriores da Islândia declarou que ele "contribuiu para um evento especialíssimo aqui, há mais de trinta anos, mas que o povo recorda muito bem". Segundo a análise da BBC, os islandeses estavam "ansiosos em retribuir o favor, oferecendo asilo ao Sr. Fischer", mesmo que muita gente o considere desagradável.

Esse evento salienta a importância e a universalidade da norma de reciprocidade, que nos obriga a retribuir o que recebemos. A norma nos guia rumo à justiça nas nossas interações sociais cotidianas, nossos tratos profissionais e nossos relacionamentos íntimos, e nos ajuda a aumentar a confiança no próximo.

O pesquisador Dennis Regan realizou um estudo clássico sobre a norma da reciprocidade. Na experiência, quem recebia um pequeno e não solicitado brinde, de um estranho chamado Joe, na forma de uma lata de Coca-Cola, comprava dele duas vezes mais bilhetes de rifa do que os que não recebiam nada. Isso aconteceu mesmo havendo um atraso temporal entre o brinde e o pedido e de Joe não ter feito qualquer tipo de menção ao brinde original quando ofereceu os bilhetes.

Outro aspecto do estudo de Regan esclarece o fato de o governo da Islândia ter se sentido obrigado a retribuir o que Fischer fizera pelo país, mesmo sendo ele uma figura tão polêmica. O interessante é que, apesar de tudo o que se tem registrado sobre a típica associação forte entre simpatia e obediência, Regan descobriu que aqueles que ganharam o refrigerante tomaram as decisões de compra, e isso nada tinha a ver com o quanto gostavam dele. Em outras palavras, dos participantes que tinham recebido o brinde, aqueles que não gostavam de Joe compraram tantos bilhetes de rifa quanto os que gostavam. Isso demonstra que os sentimentos de dívida provocados pelo poder da reciprocidade são capazes de superar o gosto por uma pessoa. O fato de que a norma da reciprocidade tem um real poder de permanência e transcende o gostar é crucial para quem estiver procurando ser mais persuasivo. Também deveria ser uma boa novidade para alguém a quem se peça um enorme favor, pelo qual parece não haver qualquer vantagem a curto prazo. Na condição de influenciadores informados e éticos, seria bom ajudarmos os outros ou fazê-los concessões antes. Se procurarmos e dermos nossa ajuda a um membro da equipe, colega ou conhecido, teremos estabelecido uma obrigação social para que eles nos ajudem ou apoiem no futuro. Oferecer ajuda ao nosso chefe nos deixa sob uma luz de cooperação aos seus olhos, o que pode nos ser útil quando precisarmos de assistência. E o gerente que oferece a um funcionário a oportunidade de sair mais cedo para ir ao dentista investiu, com sabedoria, em um colega que sentirá necessidade de retribuir esse gesto e, talvez, oferecer-se para ficar até mais tarde algum dia no futuro, quando um projeto importante precise ser concluído.

Quando precisamos persuadir alguém e influenciar os outros a nos ajudar, quase sempre cometemos o erro de perguntar a nós mesmos "quem pode me ajudar?". Isso pode ser um jeito imprudente de influenciar os outros. Achamos que seria mais produtivo perguntar-nos "a quem posso ajudar?", sabendo que a norma da reciprocidade e a obrigação social que isso confere aos outros tornarão mais eficazes os pedidos futuros. Se um administrador quiser que outros façam o serviço, então uma saudável rede de colegas gratos, que se beneficiaram de informações úteis, concessões e até mesmo um ombro amigo, podem ter o gerente em alta conta no futuro. De maneira semelhante, nossos amigos, vizinhos, companheiros e até filhos possivelmente serão mais aceptivos aos nossos pedidos quando tivermos, antes, atendido aos deles.

Devemos também reparar que existe um tipo de pessoa em especial para quem um pequeno favor vale muito — o agente do serviço de atendimento ao cliente. Quem já recebeu uma cobrança indevida no cartão de crédito, tentou fazer uma mudança de última hora em uma passagem de avião ou quis devolver algo, deve ter encontrado um deles agindo de má vontade. Para reduzir a probabilidade de tal confronto, vamos experimentar o seguinte: se descobrirmos logo no início da conversa que o agente é especialmente simpático, educado ou atencioso — talvez antes de chegar ao pedido mais complicado —, dizemos a ele que estamos tão satisfeitos com o atendimento que vamos escrever ao seu supervisor uma carta ou um e-mail sobre essa conversa assim que desligarmos o telefone. Depois de pedir o nome do agente, bem como as informações para contato com o supervisor, podemos passar aos problemas mais complexos. (Alternativamente, dizer às pessoas que estamos tão contentes com o serviço que gostaríamos de ser transferidos para o supervisor ao final da conversa, para fazer um elogio.) Embora haja várias razões psicológicas para que isso seja uma estratégia eficaz, a norma da reciprocidade é um fator potente: nos oferecemos para fazer um favor a essa pessoa, então ela se sentirá obrigada a retribuir o favor. E, pelo baixo custo de escrever um e-mail rápido ao supervisor mais tarde, podemos evitar uma partida de xadrez estratégica (talvez aos berros) com o agente, o que, por fim, levaria à decepção e à frustração. Contanto que cumpramos a promessa, a estratégia deve ser ética e eficaz.

10

Que material de escritório pode aumentar sua influência?

Se você estiver lendo isto no escritório, a resposta à pergunta acima pode estar ao alcance das mãos. O que poderia ser? Clipes? Canetas? Lápis? Blocos? Transferidor? Agendas? Pesos de papel? Impressora? As gavetas do seu escritório estão cheias de objetos práticos. Qual deles pode fazer a sua influência firmar?

O sociólogo Randy Garner queria saber se pedidos feitos por escrito em bilhetinhos autoadesivos — os mais conhecidos são os Post-it, fabricados pela 3M Corp. — teriam o poder de aumentar a obediência. Em um estudo interessante, enviou um questionário com um pedido para que fosse respondido em: (a) um Post-it, colado a uma carta de apresentação; (b) uma mensagem manuscrita semelhante anexada à carta de apresentação; ou (c) a carta de apresentação e a pesquisa, sem qualquer complemento.

Aquele quadradinho amarelo teve um grande apelo persuasivo: mais de 75% das pessoas que receberam a pesquisa com ele a responderam e devolveram, ao passo que somente 48% do segundo grupo e 36% do terceiro o fizeram. Mas o que fez o pedido funcionar? Seria o simples fato de que os papéis autoadesivos chamam a atenção em toda sua glória de neon?

Garner também fez a si mesmo essa pergunta. Para testar essa possibilidade, enviou mais uma leva de pesquisas. Dessa vez, um terço das pesquisas tinha um outro Post-it com o pedido manuscrito; outro terço com um Post-it em branco; e o resto sem nada. Se o atrativo do uso do Post-it for simplesmente que a cor amarelo-neon atrai os olhos para o papel, então os índices de resposta deveriam ser igualmente altos para ambos os grupos de pesquisas que receberam o questionário com o papelzinho. Mas esse não foi o caso. O bilhete autoadesivo manuscrito superou os outros, com um índice de respostas de 69%, comparado aos 43% das pesquisas com um Post-it em branco e aos 34% sem nada.

Então qual é a explicação? Embora ninguém deva se desesperar à procura de um Post-it, colar um desses em uma capa e escrever nele uma mensagem a mão, segundo Garner, indica que as pessoas reconhecem o empenho extra e o toque pessoal que isso requer, e sentem necessidade de retribuir aceitando o pedido. Afinal, a reciprocidade é a cola social que ajuda a unir as pessoas e mantê-las cooperando umas com as outras — e com certeza muito mais adesiva que o tipo que encontramos no verso do Post-it.

Na verdade, a evidência é ainda mais reveladora. Garner descobriu que acrescentar à pesquisa um Post-it personalizado fazia mais do que simplesmente convencer mais pessoas a responder a pesquisa: aqueles que responderam o questionário que continha o recadinho manuscrito devolviam mais depressa e davam respostas mais minuciosas e atenciosas. E quando o pesquisador escreveu um bilhete de natureza ainda mais pessoal, adicionando suas iniciais e um "obrigado", o índice foi ainda superior.

De modo geral, essa pesquisa proporciona uma descoberta valiosa em relação ao comportamento humano:

quanto mais personalizado for o pedido, mais provável será conseguir alguém que o aceite. Especificamente, demonstra que no escritório, na comunidade ou mesmo em casa, um bilhetinho personalizado pode pôr em destaque a importância dos relatórios e das comunicações, evitando que se tornem a conhecida agulha no palheiro entre outros relatórios, cartas e correspondências que visem receber atenção. Além disso, provavelmente a pontualidade e a qualidade do cumprimento do seu pedido também aumentarão.

Qual é a moral da história? Se você personalizou recados para seus métodos persuasivos, a 3M Corp. não será a única a lucrar com isso.

11

Por que os restaurantes devem jogar fora suas cestas de balinhas?

Quando terminamos de comer um prato carregado no alho, muitos de nós ficamos felizes por ver a cestinha de balas de hortelã na saída. Embora esse quebra-galho deixe um gosto bom na boca, pode ser que não seja exatamente o melhor para o restaurante e seus garçons.

Muitos restaurantes oferecem doces de maneira diferente e muito mais eficaz: o garçom os oferece na forma de brinde ao fim da refeição. Embora não passem de um bombom ou algum outro doce apresentado em uma bandeja de prata junto com a sua conta, esses doces podem, de fato, ser significativamente persuasivos.

O cientista comportamental David Strohmetz e colegas realizaram uma experiência para descobrir qual seria o efeito, caso houvesse, em dar um docinho aos clientes ao fim da refeição, no valor das gorjetas. Em uma situação de teste, quando os garçons apresentavam a conta, incluíam um doce para cada pessoa. O que acontecia com a média das gorjetas desses clientes em comparação com o grupo de controle que não recebia nada? Os pesquisadores constataram um aumento nas gorjetas — não enorme, mas de 3,3%. Na segunda situação, os garçons davam dois doces a cada cliente. Apesar do fato de serem baratinhos, as gorjetas aumentaram 14,1% em comparação com as dos clientes que não recebiam qualquer doce. Tudo isso é razoavelmente previsível, levando-se em conta o que sabemos a respeito da norma da reciprocidade — quanto mais alguém nos dá, mais nos sentimos obrigados a retribuir. Mas quais fatores tornam um presente ou um favor mais persuasivo que todos os outros? A terceira situação deste estudo nos dá a resposta.

Ao terceiro grupo de clientes, os garçons primeiro davam um doce a cada pessoa à mesa. Depois afastavam-se, dando a entender que estavam indo embora. Antes de sair completamente da área, contudo, voltavam na direção dos mesmos clientes, enfiavam a mão no bolso e depositavam um segundo doce na mesa para cada um. Esse gesto era quase como dizer a eles: "Ah, para vocês, que são tão bons, mais um docinho." O resultado? Um aumento de 23% nas gorjetas.

Esse estudo indica que há três fatores que ajudam a tornar um presente ou favor mais persuasivo e, em consequência, implicar maior probabilidade de ser retribuído. O primeiro fator é que o presente ou favor é visto por quem recebe como algo importante. Dar dois doces aos clientes, em comparação a um só, acarretou o aumento nas gorjetas de 3,3% para mais de 14%. Vale frisar que importante não quer dizer caro. Dois doces não custam mais que alguns trocados. E também vale notar um elemento adicional importante na terceira situação. Sob uma perspectiva econômica, a segunda e a terceira situações são iguais. Em ambas, o garçom deu dois doces aos clientes. Não houve diferença na *quantidade* dada, mas no *modo* de dar. É esse discernimento que estabelece dois fatores adicionais que tornam um presente mais persuasivo — até que ponto ele é inesperado e até que ponto é personalizado. Os clientes nessa terceira situação devem ter concluído que, depois de receber o doce e ver o garçom virar as costas, esse seria o último contato com ele — e por isso o presente foi inesperado. E, fazendo parecer que era uma simpatia especial pelas pessoas daquela mesa, o garçom fez com que o segundo doce parecesse um presente personalizado.

Naturalmente, se os garçons usassem essa tática em todas as mesas, além de serem considerados antiéticos pelos clientes, a tática não funcionaria por muito tempo. Assim que as pessoas notassem que eles estavam usando o mesmo método com todos, o doce adicional não seria mais considerado importante, personalizado ou inesperado. Pelo contrário, seria visto como esperteza, o que se voltaria contra os garçons. É possível, porém, usar com ética as lições do estudo. Para garantir que qualquer presente dado ou favor feito seja mais reconhecido, é importante procurar saber o que, para quem recebe, seria realmente pessoal, significativo e inesperado.

Contudo, mesmo quando só levamos em conta as descobertas das duas primeiras condições do estudo, percebemos que o restaurante que decide deixar as balinhas de hortelã perto da saída pode perder uma importante oportunidade de fazer com que os garçons se mostrem gratos aos clientes e recebam o mesmo em retribuição. Embora o preço desses doces seja de apenas alguns centavos, os garçons podem demonstrar que, para eles, o valor de cada cliente é bem maior.

12

Qual é o atrativo em não ter compromisso?

Falamos anteriormente sobre como a maioria dos hotéis que adotam o programa de reutilização das toalhas tentam persuadir os hóspedes a aderi-lo, lembrando a eles a importância de se preservar o meio ambiente. Alguns hotéis, porém, tomam providências adicionais para inserir um clima de colaboração nos pedidos que fazem: oferecem um incentivo pela colaboração. Nessas mensagens, fundamentadas no incentivo, o cartão que pede a reutilização das toalhas indica que, caso opte-se pela reutilização das toalhas, o hotel doará uma parte da economia com energia a uma organização de proteção ambiental sem fins lucrativos.

É fácil perceber por que os criadores desses avisos acham que os incentivos são eficazes. A maioria de nós acha, intuitivamente, que eles funcionam: sorvetes de casquinha são eficientíssimos em persuadir as crianças a arrumar o apartamento; agrados na hora certa podem ajudar até cachorros velhos a aprender truques novos; e os contracheques têm o poder de limitar o número de vezes em que usamos o botão "soneca" do despertador antes de sair da cama para trabalhar. Embora os incentivos oferecidos não beneficiem os hóspedes diretamente, ainda parece provável que eles estariam motivados a participar do programa em razão do benefício adicional que é oferecido ao meio ambiente. Mas será que isso funciona?

Para descobrir, dois membros da nossa equipe realizaram mais um estudo no mesmo hotel. Dessa vez, alguns apartamentos tinham cartões de reutilização das toalhas que apresentavam o pedido ambiental normal, ao passo que outros expunham cartões que usavam o método da colaboração com base nos incentivos. Quando examinamos os dados, descobrimos que esse novo apelo não gerava melhoria em comparação com o normal. Por quê?

Apesar dos fatores que fundamentariam esse tipo de método, há, na verdade, bons motivos para crer que é necessário que ocorra uma pequena mudança nessa mensagem para torná-la mais persuasiva do que a normal. Afinal, não existe obrigação social de colaborar com alguém que lhe ofereça algo somente com a condição de darmos o primeiro passo. Esse tipo de troca é simplesmente uma transação econômica. Por outro lado, há um potentíssimo senso de obrigação contido na norma da reciprocidade, para se retribuir favores já recebidos. Não é de admirar, então, que o apelo à colaboração baseada no incentivo não fosse mais eficaz do que o pedido comum — não havia nenhuma obrigação social de obedecer ao pedido, pois o hotel não lhes deu nada antes.

Isso indica que os hotéis que usam os cartões baseados em incentivos tenham acertado na ideia da colaboração, mas adotado a sequência errada. Levando-se em conta a maneira como funciona a norma da reciprocidade, um modo mais eficaz de aumentar a participação no programa talvez fosse inverter a sequência de se fazer um favor — em outras palavras, o hotel *fazer a doação antes*, sem compromisso nenhum, e *depois* pedir aos hóspedes que aderissem com a reutilização das toalhas. Essa ideia serviu de base para uma terceira mensagem que incluímos no estudo.

Essa terceira mensagem era semelhante à que se baseava em incentivos porque citava a doação a uma organização de proteção ambiental sem fins lucrativos. Em vez de se oferecer para colaborador sob a condição de que os hóspedes dessem o primeiro passo, esse pedido afirmava que o hotel *já havia doado* a essa instituição — e que o fez *em nome dos hóspedes*. Depois pediu a eles que retribuíssem o gesto reutilizando as toalhas durante a estadia.

A mensagem fundamentada na reciprocidade rendeu um impressionante índice 45% mais alto do que a baseada no incentivo. Essa descoberta é particularmente interessante se considerarmos o fato de que esses pedidos têm um teor quase idêntico, mas transmitindo ideias bem diferentes. Embora ambas informassem aos hóspedes que o hotel estava doando dinheiro à organização, a mensagem fundamentada na reciprocidade informava que o hotel havia iniciado o trabalho conjunto, usando as forças da reciprocidade e da obrigação social para levar os hóspedes a participar.

Junto com dados de outros estudos, essas descobertas deixam claro que, quando tentamos pedir a colaboração de outras pessoas — sejam colegas de trabalho, clientes, alunos ou conhecidos —, devemos oferecer-lhes ajuda de um modo genuíno e completamente incondicional. Tratar assim o relacionamento potencialmente cooperativo não só aumentará a possibilidade de conquistar de primeira o consentimento, mas vai garantir que a colaboração recebida seja baseada em um sólido alicerce de confiança e apreciação mútuas, em detrimento de um sistema de incentivo bem mais fraco. Você também verá que esse método é muito mais duradouro. Caso contrário, no momento em que o incentivo que prometemos ou concedemos não puder mais ser oferecido ou não for mais desejado pela outra pessoa, o frágil alicerce do relacionamento pode romper-se, e a ponte que você construiu pode desmoronar.

13
Os favores se comportam como pão ou como vinho?

Em alguns dos capítulos anteriores, demos provas de que ao oferecer a alguém um presente, um serviço ou um favor, geramos em quem recebe a obrigação social de retribuir. Se o presente for o fornecimento de alguma informação útil, uma gentileza a um colega, colar um Post-it personalizado em um pedido que façamos a alguém, ou, no caso de Bobby Fischer, pôr um país inteiro no mapa, há uma obrigação social a retribuir. Mas o que acontece com a influência desses presentes e favores com o passar do tempo? Será que eles são como o pão, que acaba mofando na cabeça de quem recebe, perdendo o valor aos poucos? Ou são mais como o vinho, melhorando e ganhando valor com o tempo? Segundo o pesquisador Francis Flynn, a resposta depende de sermos quem faz ou recebe o favor.

Flynn fez uma pesquisa com funcionários que trabalhavam no setor de atendimento ao cliente de uma grande empresa aérea dos EUA. Nesse contexto em especial, eles costumam trocar favores, revezando-se nos turnos. O pesquisador pediu à metade dos funcionários que pensassem em uma ocasião em que tivessem feito um favor a um colega de trabalho, e à outra, que recordasse um favor recebido. Então, pediu-se a todos que indicassem o valor percebido do favor e também há quanto tempo ele havia sido feito. Os resultados da pesquisa revelaram que aqueles que receberam o percebiam como mais valioso imediatamente após recebê-lo, porém menos com o passar do tempo. Os que fizeram, por outro lado, demonstraram o efeito contrário: davam um valor mais baixo logo após fazê-lo, e um valor mais alto posteriormente.

Uma possibilidade é que, com o passar do tempo, a recordação do evento fique distorcida e, como temos a tendência de nos ver da melhor forma possível, os beneficiados podem achar que não precisavam de toda aquela ajuda no momento, ao passo que os que fizeram o favor talvez achem que foram muito além.

Essas descobertas têm implicações na eficácia de nossa persuasão, tanto dentro quanto fora do local de trabalho. Um favor a um colega ou conhecido tem maior probabilidade de ser retribuído em um curto período de tempo. Contudo, quem o recebe precisa estar consciente da tendência que tem de menosprezar o favor com o passar do tempo. Quando se deixa de reconhecer o valor total do favor semanas, meses ou até anos após o ocorrido, isso pode, no fim das contas, prejudicar o relacionamento com quem o fez, que pode julgar mal o beneficiado por sua reticência em retribuir o que recebeu. Então, o que se pode fazer para elevar ao máximo o valor dos favores que fazemos se, com o tempo, ele pode diminuir aos olhos de quem o recebe? Um modo de fazê-lo talvez seja reconhecer o valor do presente ou do favor no momento, dizendo ao beneficiado que foi um prazer ajudar porque sabe que "se ocorresse o contrário, com certeza a pessoa faria o mesmo".

Uma segunda e potencialmente mais arriscada abordagem poderia ser lembrar o valor de um presente anterior antes de fazer um próximo pedido no futuro. Naturalmente, deve-se avaliar com muito cuidado as palavras usadas ao adotar esse método. Dizer algo como "Lembra-se de quando eu o ajudei há algumas semanas? Está na hora de retribuir, cara!" está fadado ao fracasso. Mas um lembrete gentil, como "Será que o relatório que enviei foi útil para você?", talvez seja algo bom a se dizer antes de fazer o pedido.

Embora não exista um método universal de influenciar os outros em 100% do tempo, temos certeza de que entender todos os fatores que influenciam na avaliação do favor é um bom começo. E se todo o resto falhar, basta lembrar uma regra simples da troca de favores: assim como se pegam mais moscas com açúcar do que com vinagre, ganha-se definitivamente mais favores com uma garrafa de vinho de boa safra do que com o pão da semana passada.

14

Como o pé na porta pode levar a grandes passos?

Imaginemos que sua casa esteja situada em uma região sofisticada e pitoresca — com o tipo de vizinhança em que as pessoas se orgulham de suas cercas imaculadas, da grama aparada e das cercas brancas recém-pintadas. É uma área onde os corretores nunca têm dificuldade para vender casas. Na verdade, é bem provável que tenham uma lista de espera de interessados em mudar-se para lá. Imaginemos também que, um dia, alguém da Comissão de Segurança no Tráfego Rodoviário bata à sua porta e pergunte se você quer dar apoio à campanha Dirija com Segurança no Nosso Bairro, afixando uma faixa de 18m por 9m com a frase "DIRIJA COM ATENÇÃO" em frente ao seu gramado. A pessoa garante que mandará trabalhadores, e não você, para cavar os buracos onde serão cravadas as hastes de sustentação da faixa, mas isso é pouco para aliviar suas preocupações.

Quantas pessoas concordariam com tal pedido? Segundo uma experiência realizada pelos psicólogos sociais Jonathan Freedman e Scott Fraser, 17% dos proprietários de bairros elegantes como o descrito acima não fariam objeção. Porém, surpreendentemente, os pesquisadores conseguiram obter 76% de concordância de outro conjunto de moradores fazendo uma mudança insignificante no pedido. Qual foi o acréscimo e o que ele nos diz a respeito de como persuadir com eficácia?

Outro assistente de pesquisa procurou esse segundo grupo de moradores duas semanas antes desse pedido mais difícil de ser feito e lhes perguntou se estariam dispostos a expor uma placa bem pequena, relativamente imperceptível, na janela, que dissesse "SEJA UM MOTORISTA SEGURO!". Por ser um pedido tão pequeno, quase todos os envolvidos concordaram. Duas semanas depois, quando alguém esteve na casa deles e perguntou se estavam dispostos a instalar a plaquinha no gramado muito bem-cuidado que mantinham, tiveram muito mais propensão em concordar.

Mas por que um simples pedido adicional, uma estratégia que os pesquisadores denominam "técnica do pé na porta", resulta nesse aumento impressionante em concordância com o pedido muito mais difícil de ser aceito? Os indícios mostram que, depois do acordo, os moradores passaram a se considerar comprometidos com causas de valor, como a da direção segura. Quando procurados algumas semanas depois, aqueles proprietários estavam motivados a agir de maneira compatível com essa percepção de si mesmos como cidadãos preocupados.

A técnica do pé na porta tem incontáveis usos, inclusive em vendas. Por exemplo, um perspicaz especialista aconselha: "A ideia geral é preparar o caminho para a distribuição da linha completa de produtos começando com um pequeno pedido... Vamos raciocinar assim: quando faz um pedido da sua mercadoria, mesmo que o lucro seja tão pequeno que mal compense o tempo e o esforço da visita, a pessoa já não é mais um provável comprador — é um cliente de fato."

Nos casos em que a empresa não consegue garantir nem a pequena compra inicial de um produto só, essa estratégia fundamentada no compromisso — e na coerência — pode ser aplicada de outras maneiras. Por exemplo, clientes em potencial que estejam relutantes em usar nossos serviços podem ficar mais inclinados a fazê-lo se primeiro lhes pedirmos que deem um passo curto, como concordar em fazer uma visita inicial de dez minutos.

De maneira semelhante, o departamento de pesquisa de mercado também tem mais probabilidades de fazer com que respondam a um grande número de perguntas se, antes, perguntarem às pessoas se aceitariam participar de uma pesquisa rápida. Na verdade, Freedman e Frase fizeram outra experiência cujos resultados sustentam esse último dado. Dessa vez, um assistente de pesquisa ligou para os proprietários e lhes perguntou se queriam participar de uma pesquisa. Disseram especificamente o seguinte:

A pesquisa envolverá cinco ou seis pessoas do nosso quadro, que entrarão em sua casa algum dia de manhã e passarão cerca de duas horas fazendo uma lista e classificando todos os produtos de limpeza que encontrarem. Terão liberdade total para abrir os armários e outros locais de armazenagem de produtos. Depois, todas essas informações serão usadas em relatórios escritos para a nossa publicação de utilidade pública, The Guide.

Em resposta a esse pedido tão inconveniente, 22% dos proprietários concordaram — impressionante, levando-se em conta que esse tipo de comportamento invasivo geralmente requer um mandado de busca e apreensão!

Os pesquisadores telefonaram para um segundo grupo de moradores três dias antes desse pedido invasivo. Então, pediram o seguinte aos proprietários, com o que a maioria concordou:

Estamos ligando hoje para perguntar se você poderia responder a várias perguntas sobre quais produtos de limpeza vocês usam, para que possamos publicar essa informação na nossa revista de utilidade pública, The Guide. *Seria possível nos dar essas informações para a nossa pesquisa?*

O que aconteceu três dias depois? Quase 53% dessas pessoas concordaram com o pedido.

Também se pode aplicar esse método a dois dos alvos mais resistentes que encontraremos — nossos filhos e nós mesmos. É mais fácil persuadir crianças teimosas, que encontram desculpas com facilidade para não fazer os deveres de casa ou arrumar o quarto, se primeiro pedirmos a elas que deem um pequeno passo nessa direção; este pode assumir a forma de um pedido para que passem um curto período de tempo conosco, fazendo o dever de casa, ou para que ponham o brinquedo predileto de volta na caixa quando terminarem de brincar com ele. Enquanto se perceberem voluntariamente respondendo com um sim ao primeiro pedido — em vez de fazê-lo por meio de coerção —, o impulso psicológico deve induzi-los ao sucesso nos estudos e a um local de habitação mais limpo.

No caso de nos influenciar, em vez de definir um objetivo grande e quase inalcançável para aprimorar, digamos, nossos níveis de condicionamento físico, seria bem aconselhável definir uma tarefa para nós mesmos que seja suficientemente pequena e não nos permita desculpas para não concluí-la pelo menos uma vez — por exemplo, fazer uma caminhada curta ao redor do quarteirão. Em consequência disso, devemos nos pegar aumentando gradativamente nosso grau de compromisso para alcançar maiores metas. Confúcio disse: "Uma jornada de mil quilômetros começa com um único passo." Pode não haver melhor maneira de nos fazer sair do sofá e começar a fazer grandes caminhadas.

15

Como tornar-se um mestre jedi da influência social?

Há muito tempo (uns 25 anos atrás), em uma galáxia muito, muito distante, Luke Skywalker conquistou a forma máxima do consentimento: convenceu Darth Vader a se voltar contra o imperador do mal, salvando a própria vida e restabelecendo esperança e paz à galáxia. Qual princípio de influência social ele usou para garantir isso e como se pode usá-lo para ajudar suas tentativas a serem uma grande Força no seu ramo?

O filme *O Retorno de Jedi*, último episódio da série *Guerra nas Estrelas*, tem uma cena em que Luke Skywalker diz a Darth Vader: "Eu sei que ainda existe o bem em você. Existe o bem em você, eu sinto." É possível que essas simples palavras tenham convencido Darth Vader — ou, pelo menos, plantado as sementes da persuasão — a voltar para o Lado do Bem? Se examinarmos as pesquisas em psicologia social, parece que a resposta é sim.

A estratégia demonstrada nessas palavras, conhecida como técnica da rotulação, consiste em atribuir uma característica, um comportamento, uma crença ou outro rótulo a uma pessoa e, então, fazer um pedido, que seja compatível com o rótulo. Em uma demonstração eficaz dessa estratégia, os pesquisadores Alice Tybout e Richard Yelch mostraram como usar a técnica da rotulação para aumentar a probabilidade de que os eleitores comparecessem para votar no dia das eleições. Entrevistaram um grande número de eleitores em potencial e disseram aleatoriamente a metade deles, com base em suas respostas, que podiam se caracterizar como "cidadãos acima da média, prováveis eleitores e participantes em eventos políticos." À outra metade dos entrevistados informaram que podiam se caracterizar como dentro da média em termos desses interesses, convicções e comportamentos. Os entrevistados rotulados como bons cidadãos e com alta probabilidade de votar, além de passarem a se ver como indivíduos melhores do que os rotulados como medianos, também passaram a ter 15% a mais de probabilidade de participar na eleição realizada uma semana depois.

Naturalmente, a técnica acima não se limita ao domínio político, como escolher o nosso próximo líder ou, no caso de Luke Skywalker, destituir o imperador. Há muitas maneiras de usar essa técnica nas relações de trabalho e em outras interações. Por exemplo, digamos que alguém da nossa equipe de trabalho esteja tendo dificuldade com um projeto do qual lhe pedimos para assumir a chefia. Talvez ele esteja perdendo a confiança na própria capacidade de prover o que o projeto requer. Um método útil, supondo acreditarmos que ele é capaz de executar a tarefa, seria lembrá-lo como é um sujeito que trabalha com afinco, sendo perseverante. Podemos até lhe dar exemplos de ocasiões anteriores, quando ele foi bem-sucedido com desafios semelhantes, se saindo bem. Professores, instrutores e pais podem aplicar essa técnica da rotulação para modelar os comportamentos desejados, indicando que consideram seus ouvintes o tipo de pessoas que se sairiam bem com determinado tipo de desafio. Isso funciona tanto com adultos quanto com crianças. Por exemplo, a pesquisa que um de nós realizou com alguns colegas demonstrou que, quando os professores dizem às crianças que elas aparentam ser alunos que se preocupam em caprichar na caligrafia, elas passam uma parte maior do tempo livre treinando a escrita — mesmo quando achavam que não havia ninguém por perto para ver.

Também é possível fortalecer o relacionamento de uma empresa com os clientes através dessa técnica. Provavelmente você conhece o modo como muitas companhias aéreas se aproveitam desse princípio: quando a chefe da tripulação informa aos passageiros ao final do voo, "sabemos que há muitas companhias aéreas para escolher, então muito obrigada pela preferência", está usando um derivado da técnica da rotulação, lembrando implicitamente que, se existem tantas opções, devemos ter escolhido essa por algum motivo. Tendo recebido o rótulo da confiança nessa companhia, os passageiros devem passar a ter confiança ainda maior na escolha que fizeram (e na empresa). De maneira semelhante, podemos usar a técnica para lembrar os clientes de que a decisão de fazer negócio conosco revela sua confiança na empresa e em nós, que agradecemos e faremos por merecer tal confiança.

Não devemos esquecer que, por mais tentador que seja passar para o Lado Negro com essa estratégia, e também com todas as outras de influência, ela deve ser usada somente com ética — em outras palavras, só quando a ameaça, o comportamento, a convicção ou outro rótulo expresse com exatidão as capacidades naturais, as vivências ou a personalidade. Naturalmente, sabemos que você nem pensaria em usar essa estratégia de maneira antiética. Afinal, percebemos um grande bem no leitor.

16

Como uma simples pergunta pode aumentar drasticamente o apoio a você e às suas ideias?

Como qualquer político lhe diria, nos períodos eleitorais os candidatos ficam sob enorme pressão para descobrir meios não só de convencer o eleitorado a respeito de suas qualidades, mas também de levar esses seguidores às urnas no dia das eleições. Embora, pelo menos nos Estados Unidos, algumas campanhas desperdicem cada vez mais dinheiro com publicidade televisiva, em correspondências e em aparições nos meios de comunicação, o candidato realmente esperto — e talvez vencedor — procura aprimorar não só a arte da persuasão, mas também a sua ciência.

Encontramos um bom exemplo na eleição presidencial dos EUA no ano 2000, quando apenas 537 votos fizeram uma grande diferença. Isso confirma que os norte-americanos estão mais conscientes do que nunca de que cada voto conta. Durante aquela infame eleição, com os meios de comunicação e o país focados em milhares de controvérsias, até o mais ínfimo incentivo aos eleitores para que votassem produziria forte impacto sobre o resultado. Qual estratégia simples poderia ser usada para atrair apoio de cada lado das urnas?

A resposta envolve o mero pedido aos possíveis eleitores para que prevessem se votariam, e mencionassem um motivo para a previsão. Quando o sociólogo Anthony Greenwald e seus colegas experimentaram essa técnica na véspera de uma eleição, aqueles a quem pediram que fizessem a previsão apresentaram um índice de comparecimento 25% mais alto do que aqueles a quem não pediram (86,7% comparados a 61,5%).

Essa técnica envolve duas importantes etapas psicológicas. Primeiro, quando se pede que prevejam se adotarão um comportamento socialmente desejável no futuro, as pessoas se sentem induzidas a dizer sim, por ser o que conquista aprovação social nessas circunstâncias. Considerando-se a importância que a sociedade dá ao voto, seria difícil para os entrevistados esquivar-se dizendo que planejavam ficar em casa para ver um programa de TV sobre a responsabilidade cívica. Não é de surpreender, então, que nesse estudo a totalidade de pessoas tenha afirmado que votaria.

Em segundo lugar, depois que a maioria (se não todos) das pessoas declarou publicamente que adotaria um comportamento socialmente desejável, ficou motivada a se comportar de maneira compatível com o compromisso que acabaram de assumir. Mais um exemplo: o dono de um restaurante reduziu em muito a porcentagem de pessoas que reservavam mesa e não apareciam na hora marcada nem telefonavam para cancelar simplesmente ao substituir o que a recepcionista dizia, quando recebia um pedido de reserva, de "por favor, telefone se precisar cancelar" por "pode fazer o favor de telefonar se precisar cancelar?". Naturalmente, quase todos os clientes se comprometeram a telefonar ao responder "sim" a essa pergunta. O mais importante é que sentiam a necessidade de cumprir o que prometeram: o índice de ausências caiu de 30% para 10%.

Consequentemente, um método fácil para os candidatos terem mais votos é pedir que os voluntários liguem para esses que garantiram apoio, perguntem se votarão na próxima eleição e esperem pelo "sim". Se aquele que ligar, então, acrescentar: "Vamos marcá-lo como 'sim' e avisar aos outros também", o compromisso terá três componentes que ajudam a concretizar o empenho da pessoa: o compromisso se torna voluntário, ativo e publicamente declarado a outros.

Que lições podemos aprender que possam ser empregadas com eficácia no local de trabalho e na comunidade em geral? Digamos que estamos pensando em fazer um levantamento de fundos para nossa instituição sem fins lucrativos preferida, mas não queremos nos comprometer com isso sem antes termos certeza de que receberemos muitas doações. Perguntar à família, aos amigos e aos colegas de trabalho se acham que doarão, além de dar uma ideia sobre o apoio inicial à sua empreitada, também aumentará a probabilidade de que *doem*, caso você resolva levar a ideia a cabo.

Mais um exemplo dessa estratégia: imaginemos que administramos uma equipe e reconhecemos que o êxito de uma nova iniciativa não depende só de conquistar o apoio verbal do restante da equipe, mas também de transformar isso em ação significativa. Em vez de explicar aos membros da equipe que vantagens extrairiam do apoio a determinada iniciativa, poderíamos perguntar a eles se estariam dispostos a apoiar a iniciativa e aguardar um "sim" de volta. Após essa concordância, devemos pedir que eles deem seus motivos para apoiá-la.

Qualquer que seja o nosso papel, quer seja de gerente, professor, vendedor, político ou lobista, achamos que, ao usar essa estratégia, talvez conquistemos outro voto importante — um decisivo de confiança no seu trabalho.

17

Qual é o princípio ativo dos compromissos duradouros?

A Amway Corporation, uma das mais lucrativas empresas de venda direta dos Estados Unidos, incentiva seus vendedores a alçar voos mais altos com o seguinte conselho:

Uma última sugestão antes de começarem: Definam uma meta e anotem. Seja ela qual for, o importante é defini-la para ter algo a almejar — e que seja por escrito. Há algo de mágico em deixar anotado. Portanto, escreva. Quando atingir essa meta, defina outra e tome nota. Você estará a caminho de realizá-la.

Por que escrever as metas pode ser tão eficaz no fortalecimento dos compromissos, mesmo quando o teor da redação permanece em particular?

Simplificando, os compromissos firmados ativamente têm vida mais longa do que aqueles feitos de maneira passiva. Em uma demonstração recente do poder e da sutileza dos compromissos ativos, os sociólogos Delia Cioffi e Randy Garner pediram a voluntários universitários que realizassem um projeto de educação voltado para a AIDS em escolas locais. Os pesquisadores planejaram o estudo de modo que os alunos recebessem um entre dois conjuntos de instruções. Aqueles que receberam as instruções ativas foram informados de que, se quisessem se apresentar como voluntários, deveriam indicar esse desejo por meio do preenchimento de uma ficha que declarava sua intenção de participar. Por outro lado, aos que receberam instruções passivas disseram que, se quisessem se apresentar voluntariamente, deveriam deixar em branco a ficha que declarava não estarem dispostos a participar.

Os pesquisadores descobriram que o percentual de pessoas que concordaram em ser voluntários não diferiu em função de receberem instruções que convidassem à resposta ativa ou passiva. Não obstante, houve uma diferença surpreendente no percentual de pessoas que só apareceram para participar alguns dias depois. Daqueles cuja concordância foi passiva, apenas 17% apareceram conforme haviam prometido. E quanto aos que aceitaram participar por meio do convite ativo? Desses, 49% cumpriram a promessa. Ao todo, a clara maioria dos que apareceram conforme programado (74%) foi daqueles que haviam concordado em participar ativamente do programa.

Por que os compromissos redigidos (e, logo, ativos) são muito mais bem-sucedidos na participação conquistada? Emitimos juízos sobre nós mesmos com base em observações do nosso próprio comportamento, e inferimos mais sobre nós fundamentados nas nossas ações do que na falta delas. Em apoio a esta explicação, Cioffi e Garner descobriram que aqueles que se apresentaram como voluntários ativamente tinham mais probabilidades de atribuir suas decisões às características, preferências e ideais de sua própria personalidade do que aqueles que se apresentaram como voluntários passivamente.

O que os compromissos ativos fazem para influenciar as tentativas? Digamos que estamos na época do ano em que muitos de nós assumimos um compromisso bem específico — tomar resoluções de ano-novo. Anotá-las e descrevê-las em detalhes, em vez de apenas pensar nelas, e também definir quais passos deverão ser dados para alcançar a meta escolhida pode ser útil, em especial quando mostramos essas anotações aos amigos e à família.

Se você for gerente de vendas, pedir aos membros da equipe que anotem suas metas ajudará a fortalecer o compromisso com elas e, por fim, aumentará o lucro de todos. De maneira semelhante, é sensato assegurar que, durante uma reunião, os participantes escrevam e divulguem publicamente as providências que concordaram em tomar.

Um exemplo no meio varejista nos oferece mais uma ilustração do poder da anotação. Muitas lojas oferecem aos clientes a oportunidade de pagar em prestações, que durem meses, ou mesmo anos, os produtos que compram, bastando para isso fazer o cartão da loja ou algum outro produto financeiro. Os varejistas acham que os clientes estão menos propensos a cancelar o acordo se eles, e não os vendedores, preencherem a ficha de inscrição. Esses dados mostram que, para elevar ao máximo os compromissos das iniciativas conjuntas entre os clientes e associados comerciais, é preciso fazer com que todas as partes envolvidas tenham um papel ativo na assinatura dos contratos correspondentes.

Os compromissos ativos têm o potencial de serem usados efetivamente em todo o ramo de saúde. Recentemente, profissionais da saúde relataram que é maior que nunca o número de pacientes que deixam de comparecer às consultas na hora marcada. Na verdade, uma pesquisa do National Health Service indica que pacientes perderam 7 milhões de consultas em apenas um ano, um número assustador, com relevantes consequências financeiras e médicas. De que modo os compromissos ativos podem ajudar a aliviar o problema? Quando marcamos nossa próxima consulta — quer seja um check-up de rotina, quer seja uma cirurgia importante —, o método comum é a recepcionista ou o administrador da unidade anotar a data e a hora da próxima consulta em um cartãozinho de lembrete. Dessa forma, contudo, o papel dos pacientes é passivo, e não ativo. Assim, pedir aos pacientes que preencham a ficha deve ser uma estratégia eficaz e de baixo custo para reduzir o índice de faltas.

Por fim, assim como em muitos outros métodos descritos neste livro, os compromissos ativos podem ser úteis também na nossa vida particular. Uma ação pequena mas psicologicamente significativa, tal como pedir aos filhos, vizinhos, amigos, parceiros ou até a nós mesmos um compromisso por escrito, pode quase sempre fazer a diferença, nos tornando capazes de influenciar os outros de maneira eficaz ao invés de apenas solicitar compromissos, os quais os outros tenham toda intenção no mundo de cumprir, mas acabem não cumprindo nunca.

18

Como combater a coerência com coerência?

Segundo Oscar Wilde, "**a coerência** é o último refúgio de quem não tem imaginação". Com um desdém semelhante, Ralph Waldo Emerson disse: "A coerência tola é o duende das cabeças pequenas." E, por fim, Aldous Huxley observou: "As únicas pessoas coerentes de confiança estão mortas." Por que é mais provável que esses famosos escritores tenham feito essas declarações quando eram jovens pretensiosos do que quando eram sábios idosos, e o que isso poderia significar para nossas tentativas de influência?

Sem levar em consideração as opiniões desses escritores, e conforme já discorremos neste livro, geralmente é preferível que o comportamento seja coerente com posturas, declarações, valores e atos preexistentes. Mas como o processo de envelhecimenhto altera essa tendência? Junto com a importante pesquisadora Stephanie Brown e outra colega, um de nossos pesquisadores realizou um estudo para provar que a preferência pela coerência fica maior com a idade. Talvez isso aconteça porque a incoerência pode ser emocionalmente irritante, e os mais velhos têm mais motivação para evitar acontecimentos emocionalmente desgastantes.

Essa descoberta tem implicações importantes para a forma com que tentamos influenciar os mais velhos. Por exemplo, vamos supor que trabalhamos para uma empresa que esteja tentando vender uma linha de produtos novos a um público mais maduro. Uma pesquisa indica que esse grupo em específico será mais resistente à mudança que outros, uma vez que essa pode fazer com que os mais velhos achem que seus atos se tornaram incompatíveis com os compromissos firmados anteriormente. Em tal caso, seria aconselhável focar as mensagens em como a compra e o uso do produto são compatíveis com os valores, as convicções e os costumes preexistentes do público-alvo. Pode-se aplicar a mesma lição a outros setores, tais como convencer um funcionário antigo do trabalho a adotar um sistema novo ou mesmo conseguir fazer com que os pais idosos tomem os remédios.

Mas será que abrimos mão de comportamentos antigos com tanta facilidade — simplesmente por sermos informados de que os novos comportamentos que sugerimos são compatíveis com os prévios valores, as convicções e os costumes? Do ponto de vista deles, continuar coerente com essas decisões talvez seja bom. E todos sabemos como é frustrante lidar com pessoas constantemente incoerentes, que vivem mudando de ideia, de acordo com a próxima mensagem que ouvirem.

Lidar com gente assim exige que façamos alguma coisa além de simplesmente indicar como nossa proposta se alinha com o que haviam antes declarado como sendo importante. Para garantir que a nossa mensagem seja a mais persuasiva possível, além de libertar essas pessoas do comprometimento anterior, também precisamos evitar taxar de errônea a decisão anterior; talvez a maneira mais produtiva fosse elogiá-la e defini-la como correta "no momento em que foi tomada". Indicar que as decisões anteriores foram as corretas "dadas as provas e as informações que tinham na época" pode ajudá-los a se libertar do compromisso e a se concentrar na nossa proposta sem necessidade de constrangimento ou incoerência.

Ora, depois dessa declaração "pré-persuasão", nossa próxima mensagem, ainda alinhada com seus valores, convicções e hábitos em geral, tem pernas. Do mesmo modo que um pintor prepara a tela antes de pintar, o cirurgião prepara o equipamento antes de fazer uma operação e o treinador prepara o time antes da partida, o apelo persuasivo também requer preparação. E, às vezes, tal preparação envolve não só a análise de como transmitir a mensagem, mas também prestar atenção em mensagens e reações anteriores. Como diz o ditado, a melhor maneira de cavalgar é "na direção em que o cavalo vai". Apenas alinhando-se antes com a direção do cavalo é possível, devagar e deliberadamente, fazer com que ele rume para onde queremos ir. Simplesmente tentar puxá-lo de imediato na direção desejada só nos cansará — e o animal também pode ficar irritado.

19

Que dica de persuasão podemos pedir a Benjamin Franklin?

Nascido em 1706, Benjamin Franklin ficou famoso por ser um grande escritor, político, diplomata, cientista, editor, filósofo e inventor. Quando político, inventou a ideia de uma nação norte-americana talvez mais do que qualquer outro. Quando diplomata, durante a Revolução Americana, conquistou a Aliança Francesa, que ajudou a viabilizar a independência. Quando cientista, foi uma da principais figuras nas descobertas e teorias sobre eletricidade. E, quando inventor, foi o responsável pela criação das lentes bifocais, do odômetro e do para-raios. Mas o que ele descobriu sobre como conquistar o respeito da oposição — incomodando-a, nada menos — talvez seja o feito mais eletrizante de todos.

Quando Franklin estava na assembleia legislativa da Pensilvânia, vivia muito incomodado com a obstinada oposição política e a hostilidade de outro legislador. É ele próprio quem melhor explica como fez para conquistar o respeito do homem e até sua amizade:

Contudo, eu não visava conquistar a simpatia dele respeitando-o servilmente, mas, depois de algum tempo, adotei um outro método. Tendo ouvido que ele tinha em sua biblioteca certo livro raríssimo e interessante, escrevi-lhe um bilhete expressando o meu desejo de folheá-lo e perguntando se ele me faria o favor de emprestá-lo por alguns dias. Ele o enviou imediatamente e eu o devolvi mais ou menos uma semana depois, com mais um bilhete, expressando com veemência meu agradecimento. Quando nos encontramos novamente na Casa, ele falou comigo (o que jamais fizera antes), e com grande educação; e sempre manifestou disposição para me servir em todas as ocasiões. Assim, nos tornamos grandes amigos e nossa amizade durou até a sua morte. Esse é mais um exemplo da veracidade de uma antiga máxima que aprendi e que diz o seguinte: "Quem lhe fez uma gentileza uma vez estará mais disposto a fazer outra do que aquele a quem você mesmo fez um favor."

Muitos anos depois, os pesquisadores comportamentais Jon Jecker e David Landy resolveram conferir se Franklin estava certo. Em um estudo, os participantes ganharam algum dinheiro do pesquisador em um concurso. Depois, o pesquisador procurou o grupo — uma parte dele — e lhes perguntou se estariam dispostos a devolver aquela quantia porque ele estava usando o próprio dinheiro e lhe sobrava pouco. (Quase todos concordaram.) A outra parte não recebeu esse pedido. Então, todos os participantes foram, sondados anonimamente para saber se gostaram do pesquisador.

A estratégia de Franklin, por mais ilógica que pareça, encontrou apoio nessa experiência? Encontrou. Jecker e Landy descobriram que aqueles a quem foi pedido que devolvessem o dinheiro deram nota melhor ao pesquisador do que aqueles a quem não foi pedido nada.

Por quê? Sabemos, de outros estudos, que as pessoas se sentem muito motivadas a mudar de opinião de maneiras que sejam compatíveis com seu comportamento. Quando o adversário de Franklin se viu fazendo um favor a alguém de quem não gostava, deve ter dito a si mesmo "Por que estou me esforçando para ajudar a essa pessoa de quem eu nem gosto? Talvez o Franklin não seja tão ruim afinal. Pensando melhor, talvez ele tenha algumas qualidades que compensem..."

A estratégia de Franklin se presta à administração de relacionamentos em inúmeros ambientes. Por exemplo, sempre precisamos da ajuda de algum colega ou vizinho que, por um motivo ou outro, não nos tem em alta conta. Poderíamos relutar em pedir-lhe o favor por temer que tal pessoa passe a gostar ainda menos de nós. Em vez de perguntar, a tendência mais típica é adiar o pedido, atrasando potencialmente uma realização oportuna da tarefa em questão. Os resultados dessa pesquisa indicam que essa hesitação é injustificada.

É claro que, no caso de algumas pessoas grosseiras, pedir um favor pode requerer muita coragem. Mas analisemos o seguinte: se, até o momento, as comunicações (ou não comunicações) com essa pessoa sempre foram nulas, o máximo que pode acontecer é continuarem nulas. Vamos experimentar. Na verdade, não temos nada a perder.

20
Quando pedir pouco significa muito?

Talvez tenha sido alguém muito pequeno que disse pela primeira vez: "As boas coisas vêm em pequenas embalagens." Está claro que a pessoa que criou essa frase entendeu o poder de pensar grande sendo pequeno.

Em todo este livro, tentamos dar provas que apoiassem nossas afirmativas de que podemos, de maneira ética e bem-sucedida, levar as pessoas a dizer sim. Mas em certas situações e ambientes também é importante entender por que dizem não a pedidos razoáveis, tais como o de fazer uma doação a uma instituição beneficente legítima.

Junto com diversos colegas, um de nós resolveu fazer exatamente isso. Pensávamos que quando lhes pedissem uma doação, até os que gostariam de dar algum apoio à instituição beneficente se negassem por não ter como doar muito imaginando que o pouco que poderiam dar não ajudasse muito a causa. Com base nesse raciocínio, achamos que um modo de incentivar os donativos em tal situação seria informá-los de que mesmo uma quantia irrisória seria útil, o que, em essência, legitimaria as pequenas contribuições.

Para testar essa hipótese, nossos assistentes de pesquisa foram de porta em porta pedir doações para a American Cancer Society. Depois de se apresentar, perguntavam aos moradores: "Gostaria de nos ajudar com uma doação?" Para metade das pessoas, o pedido terminava ali. Para a outra metade, contudo, o assistente de pesquisa acrescentava: "Até um centavo já ajuda."

Quando analisamos os resultados, descobrimos que esse minúsculo disco de cobre e zinco valia o seu peso em ouro persuasivo. Compatível com a nossa hipótese, aqueles da amostragem "até um centavo já ajuda" ficaram quase duas vezes mais propensos que a outra parte (50% *versus* 28,6%).

Ao que tudo indica, o estudo afirma que quando queremos pedir ajuda, a simples indicação de que até uma pequena doação seria aceitável e valorosa provavelmente será uma estratégia eficaz. Contudo, haverá possibilidade de que a adoção da estratégia "até um centavo já ajuda" possa dar errado? Muito embora quase o dobro de pessoas tenha ajudado quando lhes disseram que um centavo já ajudaria, será que teriam doado uma quantia menor, menos do que normalmente doariam, do que aqueles da outra ponte da amostragem? Para conferir essa possível desvantagem, examinamos o valor das doações e tivemos o prazer de descobrir que não houve diferença na média por doador. Isso quer dizer que o pedido com "até um centavo já ajuda" deve destacar-se à frente de um pedido comum, não só pelo número de doadores, mas também pela quantia total que cada pedido recebeu. No nosso estudo, por exemplo, para cada 100 pessoas a quem pedimos, recolhemos 72 dólares da primeira metade da amostra em comparação com apenas 44 dólares da outra metade.

O método "até um centavo já ajuda" pode ser usado de inúmeras maneiras no local de trabalho. Com os colegas de trabalho em relação a um projeto comunitário: "Só uma hora do seu tempo já ajudaria muito." Com um colega cuja caligrafia é ilegível: "Só um pouco mais de clareza já ajudaria." Com um provável futuro cliente ocupadíssimo, cujas necessidades é preciso compreender completamente: "Só um telefonema inicial rápido já poderia ajudar." É possível que esse pequeno passo na direção certa não seja tão pequeno no fim das contas.

21

Começar por baixo ou por cima? O que faz com que as pessoas comprem?

O que mercadorias como um chiclete mascado por Britney Spears, uma bandeja comemorativa do Papai Smurf ou um indicador laser quebrado podem nos informar sobre como vender bens e serviços da maneira mais eficaz por meio de um processo competitivo de lances? Um exame de como as pessoas enumeram seus "tesouros" no eBay pode ser bem revelador.

eBay Inc. é a empresa que administra o ebay.com, o site de leilão e compras em que mercadorias e serviços são comprados e vendidos no mundo inteiro. Foi criado em 1995, em San Jose, Califórnia, por um programador de computador chamado Pierre Omidyar, que dirigia uma empresa de consultoria chamada Echo Bay Technology Group. Quando foi registrar o portal do grupo de consultoria, descobriu que o domínio echobay.com já havia sido comprado pela empresa de mineração Echo Bay Mines, então ele abreviou o nome da empresa, e assim nasceu o ebay.com. O primeiro produto a aparecer no eBay foi o indicador a laser quebrado de Omidyar, que ele vendeu por 14,83 dólares. Espantado por alguém querer tal objeto, ele entrou em contato com o comprador e perguntou se havia entendido que o indicador estava quebrado. Em resposta ao e-mail, o comprador explicou: "Sou colecionador de indicadores a laser quebrados."

Em 2006, o eBay registrou cerca de 6 bilhões de dólares em vendas em um site em que hoje é possível comprar praticamente tudo o que se possa imaginar — e, às vezes, encontramos itens que vão além da imaginação. Nos últimos anos, a placa original de Hollywood e as máquinas do túnel do canal da Mancha foram leiloadas no eBay. Um homem do Arizona conseguiu vender sua *air guitar* de estimação, mesmo tendo indicado que os pretendentes não comprariam absolutamente nada e, em 2005, a claramente ofendida esposa de um DJ do Reino Unido vendeu o carro esporte Lotus Esprit que o marido tanto adorava pelo preço "Compre Já" de 50 centavos após tê-lo ouvido no rádio flertando com uma modelo famosa. Vendeu o carro em cinco minutos.

Está claro que o ebay.com identificou um modelo empresarial muitíssimo bem-sucedido, cuja base está nos leilões online. Na verdade, muitas empresas adotaram modelos semelhantes usando o esquema de lances e sistemas online para assegurar ofertas e escolher vendedores. Em razão das similaridades inerentes entre os processos de leilões online e o de concorrência entre empresas, observar as maneiras mais eficazes de vender melhor em sites como o eBay pode nos ensinar muito sobre como administrar melhor o processo de concorrência das empresas.

O cientista comportamental Gillian Ku e seus colegas afirmaram que, quando o preço inicial é alto, um possível comprador provavelmente acha que a mercadoria vale mais do que se o preço inicial fosse mais baixo. Questionaram seriamente, contudo, se o aumento no valor adotado que provém do preço inicial alto levaria mesmo a um valor mais caro. Por outro lado, insinuaram que os preços iniciais mais baixos levariam a um preço final mais alto por três motivos:

Primeiro, já que os preços iniciais de leilões funcionam como uma espécie de barreira, os baixos são melhores para incentivar a participação de quanta gente for possível nos lances. Em segundo lugar, o aumento no tráfego — expresso em número total de lances, bem como na quantidade de pessoas que os fazem — causado por eles funciona como uma espécie de influência social para novas pessoas dispostas a comprar. Em outras palavras, os possíveis compradores, ao analisar um produto que partiu de um preço baixo, encontrariam validação social de que o objeto tem valor por haver tanta gente fazendo lances, o que os incentiva a fazer lances também. Em terceiro lugar, quem faz lances para comprar produtos nessa condição, principalmente os que entram logo no início, tem probabilidade de gastar mais tempo e de se empenhar mais na atualização dos lances; na tentativa de justificar o tempo e a energia que já despenderam ao fazer os lances, essas pessoas têm mais probabilidade de permanecer empenhadas em ganhar o leilão, continuando a fazer lances e os elevando ainda mais.

Essas descobertas da pesquisa indicam que, se estamos no ramo de bens e serviços por meio de qualquer espécie de processo competitivo através de lances, iniciar o leilão com um preço razoavelmente baixo pode ser um modo de melhorar o preço final. É preciso, porém, levar em conta uma ressalva importantíssima: os pesquisadores descobriram que o componente de influência social foi um fator fundamental no aumento da eficácia em adotar um preço inicial mais baixo. Portanto, quando o tráfego de determinada mercadoria se reduzia (por exemplo, em razão de erro de digitação do nome do produto no eBay, o que limita o número de possíveis lances, já que os produtos só têm probabilidade de serem encontrados por meio de uma pesquisa normal), o preço inicial mais baixo foi menos eficaz. O resultado é que essa estratégia pode ser muito eficaz quando houver a possibilidade de que muitos clientes queiram o produto, mas talvez seja menos eficaz quando os lances se limitarem a apenas duas pessoas.

Embora pôr isso em prática não conquiste milhões de dólares extras para as bugigangas de nossa empresa ou para a coleção de dedais antigos da nossa família, na pior das hipóteses pode ajudar a ganhar o bastante para tentar arrematar a *air guitar*, caso ela volte a ser oferecida.

22

Como é possível se exibir sem que isso seja notado?

Se formos iguais à maioria, quando sabemos algo queremos contar para todo mundo. Mas mesmo quando temos as credenciais para nos apresentar como autoridade no assunto, há um dilema a superar: ao tentar comunicar aos outros nossa experiência, e ao tentar conquistá-los, podemos passar a impressão de sermos presunçosos e exibidos. Em consequência disso, os outros podem gostar menos de nós e, possivelmente, estar ainda menos inclinados a seguir nossos conselhos. Com a autopromoção descarada fora de cogitação, o que o legítimo especialista pode fazer?

Uma opção é pedir a outra pessoa que fale em nosso favor. Esse método é amplamente aceito por palestrantes, escritores, artistas e outros comunicadores há muitos anos. Arranjar alguém para informar à plateia sobre nossa especialização e nossas credenciais faz maravilhas para convencer a todos de que devem ouvir o que temos a dizer e, ao mesmo tempo, evita os danos que a autopromoção descarada pode provocar. O ideal é que essa pessoa acredite mesmo nos nossos talentos e conhecimentos, e que se ofereça voluntariamente a contar a todos que somos inteligentíssimos, na esperança de que faremos deste mundo um lugar melhor. Se isso não puder acontecer, ela pode ser um representante pago.

Mas será que as pessoas não perderão o interesse em razão do fato de o apresentador estar sendo pago para se derramar em elogios? Não, se nenhum dos erros mais comuns for cometido, o que os psicólogos sociais quase sempre chamam de erro fundamental de atribuição: ao observar o comportamento de alguém, costumamos não dar peso suficiente ao papel que os fatores situacionais (por exemplo: dinheiro) desempenham na formação do seu comportamento.

Em um conjunto de estudos que um de nossos colegas realizou sob a liderança do pesquisador Jeffrey Pfeffer, juntamente com dois outros colegas, argumentou-se que as pessoas não levam essa informação em conta tanto quanto deveriam, o que significa que pagar um intermediário para ostentar suas habilidades ainda deveria ser uma forma eficiente de persuasão. Em um desses estudos, pediu-se que os participantes se imaginassem no papel de editor-sênior de uma editora de livros, tomando para si a tarefa de negociar com um autor experiente e bem-sucedido. Eles tiveram de ler resumos de uma negociação para o adiantamento da publicação de um livro considerável. Um grupo leu os resumos dando ouvidos ao talento do autor divulgado por seu agente, enquanto o outro leu comentários idênticos feitos pelo próprio autor. Os dados confirmaram nossa hipótese quando o agente do autor falava sobre suas qualidades: os participantes tiveram tendência a considerá-lo de maneira mais favorável em praticamente todas as escalas — especialmente em sua popularidade — se comparado aos autoelogios do próprio autor.

Essa pesquisa confirma que ter uma pessoa especializada que fale em seu nome pode ser uma estratégia muito produtiva e válida para divulgar sua experiência. (Na verdade, sempre que possível essa pessoa deverá também negociar em seu nome em termos de condições do contrato e remuneração.) Recomendamos também que, quando fizer uma apresentação a pessoas que não o conhecem muito bem, você providencie uma outra pessoa que o apresente ao público ao qual você irá se dirigir. Uma das maneiras mais eficientes de fazer isso é ter preparada uma curta biografia sobre você. Não é necessário que ela seja longa, mas deverá pelo menos conter algumas informações sobre sua experiência, seu grau de instrução ou sua escolaridade, para que fique claro que você é qualificado para falar de determinado assunto. Você pode também incluir exemplos de sucessos que obteve na área sobre a qual irá falar.

Recentemente, um de nós teve a oportunidade de trabalhar com uma empresa imobiliária que usou essa abordagem, obtendo um efeito imediato e altamente bem-sucedido. A empresa em questão tem uma divisão de vendas e outra de aluguel. Isso significa que os clientes que ligavam para o escritório eram, normalmente, atendidos primeiro por uma recepcionista que, após identificar com que departamento queriam falar, dizia "Ah, aluguel, o senhor precisa falar com a Sandra" ou "O senhor precisa falar com o departamento de vendas. Vou transferir sua ligação para o Peter".

Em resposta à nossa recomendação de que ela deveria apresentar seus colegas juntamente com suas credenciais, a recepcionista agora não só diz aos clientes que ligam com quem deverão falar, mas também acrescenta alguma coisa sobre a experiência de seus colegas. Os clientes que desejam mais informações sobre aluguéis agora recebem a seguinte informação: "Ah, aluguéis, o senhor precisa falar com a Sandra, que já tem mais de 15 anos de experiência no ramo e atuando nessa região. Vou transferir sua ligação agora mesmo." Similarmente, os clientes que querem mais informações sobre a venda de sua propriedade agora ouvem: "Vou transferir sua ligação para o Peter, nosso chefe de vendas. O Peter tem 20 anos de experiência na venda de imóveis. Na verdade, ele vendeu recentemente um muito parecido com o seu."

Há quatro características dignas de nota nessa mudança. Primeiro, tudo que a recepcionista diz aos clientes sobre a experiência de seus colegas de trabalho é verdade. Sandra realmente tem 15 anos de experiência e Peter é um dos vendedores mais bem-sucedidos da empresa. No entanto, se Peter ou Sandra dissessem isso aos clientes, pareceria que eles estavam sendo presunçosos e exibidos e, como resultado, as informações não seriam tão persuasivas. Em segundo lugar, não parece importar que a apresentação seja feita por uma recepcionista que, claramente, está ligada à Sandra e ao Peter, que, obviamente, irão se beneficiar com essa apresentação. A terceira característica digna de nota é o quanto ela é eficiente. Sandra, Peter e seus colegas relatam que houve um aumento significativo no número de consultas em comparação com a época em que a mudança não havia sido implementada. Ponto número quatro: o custo da intervenção é praticamente zero. Todos conhecem a ampla habilidade e a profunda experiência dos profissionais do escritório. Isto é, todos, exceto as pessoas mais importantes de todas — os clientes em potencial da empresa.

Mas e se não for prático ter uma pessoa para elogiar suas qualidades? Existe alguma outra forma sutil de demonstrar sua competência sem que pareça exibição? Realmente existe. Vejamos um exemplo: um de nós foi abordado por um grupo de assistentes de médicos que estavam frustrados porque seus pacientes não aceitavam fazer exercícios importantes para que eles ficassem mais saudáveis. Por mais que tentassem demonstrar a urgência desses exercícios, os pacientes raramente seguiam seus conselhos. Quando pedimos para ver a sala dos exames, uma coisa imediatamente nos surpreendeu: não havia qualquer tipo de credenciais na parede — na verdade, não havia em nenhum outro lugar. Depois que nós os aconselhamos a colocar suas credenciais em lugares onde seus pacientes pudessem vê-las, os assistentes relataram que houve um enorme aumento na aceitação de suas recomendações. A lição? Exiba seus diplomas, certificados e premiações àqueles a quem você quer persuadir. Você conquistou essas credenciais e elas, por sua vez, irão ajudá-lo a conquistar a confiança das pessoas.

23

Qual é o perigo oculto em ser a pessoa mais brilhante na sala?

Entre uma bebida e outra, os frequentadores de bares são conhecidos por contarem algumas histórias duvidosas. "Eu namorei aquela supermodelo antes de ela ficar famosa." Claro que namorou. "Eu poderia ter vencido a briga, mas não quis machucar o outro cara." Ahan. Ou "Eu poderia ter jogado na seleção de futebol, mas um calo pôs um fim à minha carreira." Certo!

Porém, em uma noite fria e desagradável em fevereiro de 1953, dois cavalheiros entraram no bar Eagle, em Cambridge, e, depois de pedirem suas bebidas, um deles anunciou aos outros clientes o que deve ter parecido a história mais inacreditável de todas: "Nós descobrimos o segredo da vida."

Embora sua afirmação possa ter sido vista como presunçosa e arrogante, era verdadeira. Naquela manhã, os cientistas James Watson e Francis Crick haviam realmente encontrado o segredo da vida: descobriram a estrutura de espiral dupla do DNA, o material biológico que traz consigo as informações genéticas da vida.

No 15º aniversário daquela que poderia ser descrita como, talvez, a mais importante descoberta científica de nosso tempo, Watson participou de uma entrevista sobre seu feito. A entrevista foi acertada para examinar os aspectos da façanha de Watson e Crick, que os levara a descobrir a estrutura do DNA antes de uma enorme quantidade de outros cientistas altamente talentosos.

Em primeiro lugar, Watson relacionou um conjunto de fatores que não chegou a surpreender: foi crucial que ele e Crick tivessem identificado o problema que era o mais importante a ser combatido. Os dois eram apaixonados por seu trabalho; eles decididamente se dedicaram à tarefa que tinham pela frente. Estavam dispostos a adotar abordagens que não lhes eram familiares. Mas então ele acrescentou mais um motivo para o sucesso dos dois, que foi, no mínimo, chocante. Ele e Crick haviam identificado o antes indefinível código do DNA antes de todos porque, segundo ele, *não* eram os cientistas mais inteligentes que buscavam a resposta.

Como é mesmo? Como seria possível, enquanto Watson prosseguia com sua argumentação, que ser o indivíduo mais inteligente e sagaz nas tomadas de decisões, pode, realmente, ser uma das mais perigosas de todas as condições? Existem perigos ocultos em ser a pessoa mais inteligente na sala?

Watson passou a explicar naquela entrevista que a pessoa mais inteligente a trabalhar no projeto àquela época era Rosalind Franklin, uma cientista inglesa que então morava em Paris: "Rosalind era tão brilhante que raramente pedia conselhos. E se você for a pessoa mais inteligente na sala, então estará com um problema."

O comentário de Watson evidencia um erro familiar visto nas ações de muitos líderes bem-intencionados. Aqueles atuantes em empresas, que tratam de uma questão ou de um problema específicos — por exemplo, como determinar o argumento de vendas mais poderoso para um possível cliente, ou a campanha mais eficiente para angariar fundos para uma associação de pais e mestres —, devem assegurar que haja a colaboração dos membros da equipe para que seu objetivo seja alcançado, mesmo que sejam a pessoa mais bem-informada, mais experiente ou mais hábil no grupo. Não fazer isso pode ser arriscado. Na verdade, o cientista comportamental Patrick Laughlin e seus colegas demonstraram que as abordagens e os resultados de grupos que cooperam para o trabalho em busca de uma solução não apenas são melhores se comparados a membros que trabalham sozinhos, mas também produzem resultados melhores do que o melhor solucionador de problemas do grupo se este trabalhasse sozinho. Frequentemente, os líderes que, por terem mais experiência, aptidão e sabedoria, consideram-se os mais hábeis solucionadores de problemas no grupo, deixando de pedir a opinião dos outros membros da equipe.

A pesquisa conduzida por Laughlin e seus colegas nos diz porque o melhor líder que trabalha individualmente será derrotado por um grupo de pessoas com menos especialização, mas com grande cooperação entre eles. Primeiro, os que tomam decisões isoladamente não podem competir com a diversidade de conhecimento e perpectivas de um grupo com várias pessoas que os inclua. A participação ativa dos outros membros pode estimular os processos de raciocínio que não teriam sido alcançados quando se trabalha sozinho. Todos nós podemos nos lembrar de termos chegado a alguma conclusão pelo comentário de um colega que não concluiu o pensamento, mas desencadeou a associação. Segundo, a pessoa que busca uma solução sozinha perde outra vantagem significativa — o poder do processamento em paralelo. Enquanto um grupo cooperante pode distribuir muitas subtarefas de um problema entre seus membros, aquele que trabalha sozinho deve realizar cada tarefa uma a uma.

Mas a colaboração total não é arriscada? Afinal de contas, as decisões tomadas por uma comissão são notórias por um desempenho aquém do ideal. Cientes desse problema, nossa recomendação é não empregar uma estratégia de contagem de votos para chegar-se a uma conclusão; na verdade, o que aconselhamos é não tomar qualquer decisão conjunta. A escolha final deve sempre ser tomada pelo líder. Mas é ao processo de buscar opiniões que os líderes devem se dedicar mais coletivamente. E aqueles que incentivam opiniões regulares da equipe podem esperar não apenas alcançar melhores resultados, como também relacionamentos mais íntimos e harmoniosos com sua equipe, o que intensifica a colaboração e a influência no futuro. Mas não existe o risco de haver egos feridos e perda de motivação se a ideia de um dos membros da equipe, no final das contas, vier a ser rejeitada? Desde que um líder assegure à equipe que cada opinião — mesmo que não seja o fator decisivo — será considerada no processo, isso não deverá ocorrer. E, quem sabe, embora formando uma equipe de pessoas que são incentivadas a colaborar entre si não possa permitir que você declare, como Watson e Crick, que "descobriu o segredo da vida", poderá ajudá-lo a desvendar o segredo do verdadeiro potencial de seu grupo e o seu próprio.

24

O que pode ser aprendido com a síndrome da comandantite?

Além dos perigos de *ver* a si mesmo como o melhor tomador de decisões do local, há um outro risco que pode ser igualmente (senão mais) perigoso — *ser visto pelos outros* como a pessoa mais brilhante ou experiente na sala. Isso torna-se criticamente importante quando essa sala é a cabine de um avião e o líder em questão é seu comandante.

Tomemos, por exemplo, o seguinte diálogo, registrado na caixa preta do voo 90 da Air Florida pouco antes da queda do avião no gelado rio Potomac, nas proximidades de Washington, DC, em 1982:

> COPILOTO: Vamos verificar o gelo sobre as asas novamente, porque já estamos estacionados aqui há algum tempo.
>
> COMANDANTE: Não. Acho que vamos poder decolar em um minuto.
>
> COPILOTO: [Referindo-se a um instrumento quando já se preparam para a decolagem] Isso não parece estar certo, não é? Ah, não, não está certo.
>
> COMANDANTE: Está sim...

Copiloto: Ah, talvez esteja.

[Ruído do avião esforçando-se sem sucesso para ganhar altitude]

Copiloto: Larry, nós vamos cair.
Comandante: Eu sei.

[Ruído do impacto que matou o comandante, o copiloto e 76 passageiros]

Esse é apenas um exemplo trágico de como os membros de uma equipe frequentemente se submetem ao status de líder, considerando-o figura de autoridade legítima e bem-informada. Mostra também como, frequentemente, os líderes deixam de ver a influência que essa submissão exerce naqueles a seu redor. Rotulado de *comandantite*, esse tipo de comportamento recebe tal nome devido ao tipo de passividade, por vezes mortal, demonstrado pelos membros da tripulação quando o comandante de um avião toma uma decisão claramente incorreta. Investigadores de acidentes aéreos têm registrado, repetidas vezes, exemplos desastrosos de um erro óbvio cometido por um comandante de uma empresa aérea que não foi corrigido por outro membro da tripulação.

A comandantite não se limita apenas às viagens aéreas. Em um grupo de estudos, pesquisadores testaram a disposição de enfermeiras qualificadas e treinadas em abrir mão de suas responsabilidades profissionais com relação a um paciente, depois que o "chefe" do caso — o médico atendente — deu sua opinião. Para realizar o experimento, o pesquisador em psicologia Charles Hofling telefonou para 22 enfermarias separadas entre uma grande variedade de alas hospitalares. Ele se identificava como um médico do hospital e orientava a enfermeira a aplicar 20mg de Astrogen em um paciente específico. Em 90% dos casos, a enfermeira ia diretamente ao armário dos remédios para pegar a droga e aproximava-se do paciente para administrá-la, embora a substância não tivesse sido liberada para uso hospitalar e a prescrição de 20mg fosse o dobro da dose diária recomendada.

Resumindo suas descobertas, os pesquisadores chegaram a uma conclusão: em unidades médicas com vários profissionais, é natural partir-se do princípio de que diversas "inteligências profissionais" (médicos, enfermeiras, farmacêuticos) estão trabalhando em conjunto para assegurar que as melhores decisões sejam tomadas. Porém, sob uma observação mais rigorosa, somente uma dessas inteligências pode estar funcionando. Nesse estudo, parece que as enfermeiras deixaram de lado sua considerável experiência e aptidão, e submeteram-se à decisão do médico. Em tal situação, as ações das enfermeiras são compreensíveis. O médico atendente, além de *ter autoridade, é uma autoridade.* Em outras palavras, ele está no comando e, como resultado, tem o poder de penalizar os membros da equipe que não acatam suas decisões; e também possui treinamento especializado superior, o que pode influir para que aqueles sob suas ordens submetam-se a essa condição. Como resultado dessa experiência, não devemos nos surpreender quando a equipe clínica mostra-se relutante em desafiar o tratamento recomendado por um médico.

Os líderes devem ter consciência dessas descobertas, não necessariamente para se protegerem na próxima vez em que estiverem em um hospital, mas também em seu escritório ou em uma sala de reuniões tomando uma decisão importante. Quando os líderes deixam de solicitar a opinião dos membros da equipe, e quando esses deixam de defender suas opiniões quando contrárias às do líder, isso pode transformar-se em um círculo vicioso, o que gera procedimentos improdutivos nas tomadas de decisão, acarretando escolhas inadequadas e, frequentemente, erros que podiam ser evitados. Quer você seja o técnico de uma equipe esportiva, o administrador de um clube, o proprietário de uma empresa pequena ou o presidente de uma corporação multinacional, a liderança colaborativa, em que a diferença de opinião de um membro bem-informado da equipe seja aceita, pode ser a chave para interromper esse ciclo. E um pouco de humildade por parte dos líderes não faz mal algum. Lembre-se de deixar seu ego do lado de fora da sala de reuniões, do hospital ou da cabine de comando de um avião.

25

Como a natureza das reuniões leva a desastres anormais?

Na exploração espacial, dois dias de luto nacional ficaram gravados na história para sempre. No dia 1º de fevereiro de 2003, o ônibus espacial norte-americano *Columbia* foi destruído quando reentrava na atmosfera terrestre; e no dia 28 de janeiro de 1986, o ônibus espacial *Challenger* explodiu durante a decolagem. Os dois desastres mataram todos os sete membros da tripulação.

Embora as causas de cada tragédia — em um caso danos à borda da asa esquerda e no outro um retentor anelar defeituoso no propulsor sólido do foguete — tenham sido aparentemente diferentes, um exame mais minucioso dessas falhas indica o mesmo motivo primário: a cultura da Nasa de péssima tomada de decisões. Que lições podem ser aprendidas a partir dessas tragédias, e como podemos criar uma cultura em nosso local de trabalho que permita que os outros possam *nos convencer* de que estamos errados?

Em primeiro lugar, para tentarmos entender como esses desastres puderam ocorrer, vamos considerar o seguinte diálogo entre um investigador do desastre do *Columbia* e a presidente do conselho da equipe administrativa da missão:

INVESTIGADOR: Como presidente do conselho, como a senhora busca opiniões divergentes?
PRESIDENTE DO CONSELHO: Bem, quando tomo conhecimento delas...
INVESTIGADOR: Pela própria natureza dessas opiniões, a senhora pode não tê-las ouvido... que técnicas a senhora usa para obtê-las?

A presidente do conselho não respondeu.

No caso do desastre do *Columbia*, os administradores ignoraram as solicitações dos membros menos qualificados para pedir ao Departamento de Defesa que usasse seus satélites espiões para fotografar áreas potencialmente danificadas do ônibus espacial. Com o *Challenger*, os administradores não deram atenção às advertências dos engenheiros de que o clima frio no dia do lançamento poderia causar problemas nos retentores anelares. Que fatores poderiam levar a uma tomada de decisão tão inapta?

Examinando as falhas em tomadas de decisões no mundo real, tais como a da invasão da baía dos Porcos, de John Kennedy, e a do escândalo de Watergate, de Nixon, o psicólogo social Irving Janis desenvolveu uma teoria sobre como grupos chegam a tomar decisões erradas — "groupthink", um termo criado pelo jornalista William H. Whyte. Groupthink é um tipo de tomada de decisão de um grupo, em que há uma necessidade maior entre os membros de ficarem unidos e chegar a um consenso em vez de procurarem criticamente diferentes pontos de vista e ideias. Isso é frequentemente causado por um desejo de coesão do grupo, de isolamento de influências externas, e de líderes autoritários que expressam suas opiniões — fatores que estão presentes em vários níveis em diversas empresas. Esses fatores frequentemente criam uma pressão evidente por parte dos outros para que acatem o ponto de vista do líder. Eles também podem gerar uma necessidade de que quaisquer opiniões contrárias sejam censuradas para que os líderes fiquem isentos delas, causando a falsa percepção de que os membros do grupo concordam plenamente entre si e de que as opiniões manifestadas externamente são inferiores. O resultado é uma argumentação defeituosa e um círculo vicioso de tomada de decisões, em geral fundamentado em uma pesquisa incompleta de ideias alternativas, caracterizado por um processo tendencioso de busca de informações e por omitir a avaliação de riscos das opções favorecidas pelos líderes do grupo.

Que tipo de passos devem ser dados para evitar essa tomada de decisão inferior? A tomada de decisão feita em grupo pode ser melhorada pela promoção da crítica e do ceticismo de todos os pontos de vista, especialmente daqueles defendidos pelos líderes. Os líderes espertos devem sempre perguntar quais as opiniões dos outros antes de tornar conhecidas suas próprias posições, assegurando assim que tenham acesso aos pensamentos, às opiniões e aos discernimentos além dos dele, em vez de limitar-se a fazer com que os membros lhe digam o que quer ouvir.

Para empregar essa estratégia de forma eficiente, os líderes devem promover um clima aberto e honesto, onde as opiniões individuais sejam bem-vindas e consideradas sem qualquer receio de serem refutadas. Mais importante ainda, mesmo depois de uma decisão ter sido tomada, o grupo deverá reunir-se novamente para esclarecer quaisquer dúvidas que ainda possam pairar sobre a decisão. Além disso, muitas vezes é fundamental convidar outros especialistas, que serão menos tendenciosos em sua avaliação das ideias. Isso será especialmente eficaz se considerarmos que o ponto de vista de quem está dentro de uma empresa é muitas vezes limitado, geralmente levando as equipes a expor o que já é conhecido dentro daquela cultura. Para se obter um melhor entendimento do que ainda não foi exposto, mas que poderia ser útil e criterioso, é necessário o ponto de vista de uma pessoa que não pertença ao grupo.

Em resumo, às vezes é importante ouvir um "não" de seu grupo para aumentar a probabilidade de que você ouvirá "sim" daqueles a quem está tentando convencer a adotar a decisão do grupo.

26

Quem é o melhor persuasor: o advogado do diabo ou o verdadeiro dissidente?

Por quase quatro séculos, a Igreja Católica Romana contou com o *advocatus diaboli*, ou advogado do diabo, para investigar e apresentar à Igreja todos os aspectos negativos da vida e do trabalho de um candidato à santidade. No que poderia ser visto como uma forma de religiosa obrigação diligente, a ideia era que por meio da descoberta de todas as informações desfavoráveis relativas ao candidato e de sua apresentação à liderança da Igreja, o processo de tomada de decisão contaria com mais informação e iria beneficiar-se consideravelmente pela diversidade de ideias, perspectivas e fontes de dados.

Qualquer um que trabalhe no mundo empresarial sabe que os termos "negócio" e "santidade" não são companheiros comuns. No entanto, gerentes empresariais poderiam aprender uma lição valiosa com o procedimento do tipo "advogado do diabo". Quando parece que, a princípio, todos em uma equipe concordam com uma questão, muitas vezes pode ser proveitoso *incentivar* pontos de vista diferentes. Isso passa a ser ainda mais importante quando consideramos os efeitos potencialmente devastadores do groupthink e da polarização do grupo, em que quanto mais debatida, mais incisiva se torna a opinião majoritária.

Psicólogos sociais também já sabem, há algum tempo, que mesmo um único dissidente entre um grupo com uma opinião unânime pode ser suficiente para gerar um raciocínio mais criativo e complexo ali dentro. Porém, até recentemente, pouquíssimas pesquisas haviam abordado a natureza do dissidente. Seriam os advogados do diabo — isto é, os pseudodissidentes — melhores ou piores que os dissidentes autênticos para intensificar a capacidade de solucionar de problemas um grupo formado por pessoas da mesma opinião?

Os resultados de um estudo conduzido pelo psicólogo social Charlan Nemeth e colegas indica que, em comparação com um dissidente autêntico, uma pessoa solicitada a desempenhar o papel de advogado do diabo será muito menos efetiva em promover soluções de problema criativas entre os membros do grupo. Os pesquisadores argumentam que é mais provável que a maioria dos membros perceba os argumentos e posições dos dissidentes autênticos como fundamentados, e portanto, válidos. A posição de advogado do diabo, por outro lado, parece apegar-se à discordância sem buscar nada além disso. Quando a maioria dos membros de um grupo é confrontada por uma pessoa que realmente parece opor-se à sua posição, tenta entender por que o dissidente mostra-se tão empenhado em defender aquilo em que acredita. No processo, o grupo chega a um melhor entendimento do problema e passa a considerá-lo sob uma perspectiva mais ampla.

Essas descobertas demonstram que o advogado do diabo está ultrapassado? Nos anos 1980, o papa João Paulo II acabou oficialmente com o uso dessa prática na Igreja Católica.

Na verdade, existem algumas provas de que a experiência com um advogado do diabo tem o potencial de *reforçar*, e não enfraquecer, a confiança da maioria dos membros em sua posição original, talvez porque acreditem que consideraram — e subsequentemente descartaram — todas as alternativas possíveis. No entanto, isso não equivale a dizer que não há benefícios no uso de um advogado do diabo. Ele pode ser útil para chamar a atenção para ideias, perspectivas e informações alternativas, desde que a maioria as considere com uma mente aberta.

Porém, se considerarmos as descobertas dessa pesquisa, a melhor orientação para os líderes talvez seja criar e manter um ambiente de trabalho em que todos os funcionários sejam incentivados a discordar abertamente do ponto de vista da maioria. Isso pode muito bem ser traduzido em soluções mais inovadoras para problemas complexos e em um moral mais alto dos empregados (desde que as discordâncias permaneçam no campo profissional, e não pessoal), e poderia, eventualmente, levar a maiores lucros. Em situações em que as decisões terão implicações duradouras e potencialmente abrangentes, também deverá ser considerada a possibilidade de serem encontrados os dissidentes autênticos. Incentivando outras pessoas bem-informadas a nos persuadir veementemente de que talvez estejamos nos inclinando na direção errada, nós nos colocamos em posição de obter maior entendimento com base em um argumento genuíno em vez de simulado, permitindo-nos tomar decisões ideais e criar mensagens mais efetivas.

27

Quando a maneira certa pode ser a errada?

Resistência. Coragem. Determinação. Comprometimento. Desprendimento. Algumas pessoas podem dizer que os bombeiros deveriam ser modelos a serem seguidos, e que devemos nos espelhar neles dentro e fora de nossas empresas. Embora salvar vidas e resgatar gatinhos de árvores não se encaixem na descrição de seu cargo, aprender como os bombeiros são treinados pode ajudá-lo a se tornar um herói em seu dia a dia.

A pesquisadora comportamental Wendy Joung e seus colegas ficaram interessados em examinar se certos tipos de programas de treinamento poderiam ser mais eficazes do que outros no sentido de minimizar os erros de julgamento no trabalho. Especificamente, queriam saber se, fazendo com que o estagiário se concentrasse em erros anteriores que outros haviam cometido, resultaria em um melhor treinamento do que fazendo com que ele se concentrasse nos acertos. Eles achavam que o treinamento mais focado nos erros dos outros seria mais efetivo devido a diversos fatores, incluindo prestar maior atenção e vivenciar uma experiência mais notável.

Os pesquisadores decidiram testar sua hipótese em um grupo de pessoas cujas aptidões para tomada de decisões sob pressão fossem essenciais, e cujas decisões implicavam em consequências importantes; assim, não chega a surpreender que tenham escolhido os bombeiros. No estudo, uma sessão de treinamento e desenvolvimento que incluía diversos estudos de casos foi apresentada aos bombeiros. No entanto, a natureza deles diferia entre os dois grupos de participantes. Um deles foi treinado a partir de estudos de casos que descreviam situações da vida real em que outros bombeiros tomaram decisões desastrosas, levando a resultados negativos. O outro, em que bombeiros evitaram consequências trágicas com boas tomadas de decisão. Quando os pesquisadores analisaram os dados, descobriram que houve maiores progressos no primeiro grupo quando comparado ao segundo.

Treinamento resume-se em influenciar os outros. Assim, se você quiser potencializar sua influência sobre comportamentos futuros dos empregados, as implicações dos programas de treinamento de sua organização são claras. Embora muitas empresas concentrem tipicamente seu treinamento exclusivamente nos pontos positivos — em outras palavras, em como tomar boas decisões —, os resultados desse estudo indicam que uma considerável parte do treinamento deveria se limitar a mostrar de que forma outras pessoas cometeram erros no passado e como isso poderia ter sido (e pode ser) evitados. Especificamente, estudos de casos, vídeos, DVDs, ilustrações e depoimentos pessoais cobrindo os erros deverão ser acompanhados de uma discussão sobre o que poderia ter sido feito nessas e em situações similares.

Naturalmente, alguns indivíduos específicos não precisam ser identificados pela administração por conta de decisões desastrosas que tomaram no passado, uma vez que experiências baseadas no erro devem ser completamente anônimas. No entanto, você pode achar que alguns dos empregados mais experientes e respeitados ficarão felizes em doar suas "histórias de guerra" repletas de erros para o arquivo de treinamento da empresa.

Esta abordagem não deve se limitar à sala de aula da empresa. Professores, técnicos esportivos e qualquer pessoa que dê treinamentos podem se beneficiar com tal estratégia — inclusive os pais, naturalmente. Por exemplo, quando estiverem ensinando a seus filhos que não devem conversar com estranhos, podem descrever situações hipotéticas em que uma criança foi enganada por um estranho. Concentrando-se no que poderia ter sido feito para afastar-se naquelas situações específicas, a criança ficará mais bem preparada para agir em casos semelhantes no futuro.

28

Qual é a melhor maneira de transformar um ponto fraco em um ponto forte?

Há praticamente um século, a agência de propaganda Doyle, Dane & Bernback foi desafiada com a tarefa quase insuperável de lançar um minúsculo carro alemão no mercado dos EUA, onde apenas carros grandes haviam tido sucesso anteriormente. Em um curto período, o Fusca da Volkswagen passou de motivo de chacota relativamente inexpressivo a símbolo de status. O sucesso do Fusca pode ser em grande parte atribuído à criatividade da agência, responsável por uma das melhores campanhas na história da propaganda. Mais surpreendente talvez seja como a agência concluiu essa tarefa: quando promoveu a marca, não enfatizou os pontos fortes do produto, tais como seu preço relativamente baixo ou seu modesto consumo de combustível. Na verdade, enfatizou seus pontos fracos. Por quê?

A campanha publicitária certamente rompeu com a sabedoria convencional do setor àquela época. Abordava o fato de que o carrinho realmente não era tão agradável aos olhos dos americanos quanto os tradicionais carrões fabricados nos EUA daquele tempo. As frases de efeito que apareciam nos anúncios eram do tipo "Feiura é apenas uma questão superficial" e "Ele vai permacecer mais feio por muito mais tempo". É fácil entender por que essas frases de efeito chamaram a atenção, e ver por que a campanha, de modo geral, foi muito simpática. Mas esses fatores, isoladamente, não podem ser responsáveis pelo enorme sucesso de vendas que acompanhou o lançamento e toda a divulgação dessa campanha. Como é que aqueles anúncios conseguiram vender tantos carros?

Mencionar uma pequena desvantagem de um produto cria a percepção de que a agência que o está promovendo é honesta e digna de crédito. Isso a coloca em uma posição de ser mais convincente ao apontar os genuínos pontos fortes do produto — no caso do Fusca, como foi mencionado, consumo de combustível menor e um preço acessível. Similarmente, a Avis, a *segunda* maior empresa de aluguel de carros, aproveitou esse princípio em seu slogan inesquecível "Avis. Somos a número 2, mas nos esforçamos mais. (Quando você não é a número 1, precisa fazer isso.)" Outros exemplos incluem "Listerine: o sabor que você odeia três vezes ao dia" e "L'Oréal: Somos caros, mas você merece".

Prova do sucesso dessa estratégia também foi encontrada além do domínio da propaganda. Vamos considerar um exemplo de seu uso na lei: em um estudo realizado pelo cientista comportamental Kip Williams e colegas, quando os jurados ouviam um advogado revelar um ponto fraco de seu próprio cliente antes que o promotor de justiça o mencionasse, eles o consideraram mais digno de confiança e foram mais favoráveis em seus veredictos, de modo geral, por causa dessa honestidade observada. Além disso, qualquer um que esteja considerando mudar de carreira pode estar interessado em saber que um estudo de recrutamento descobriu que os candidatos cujos *curriculum vitae* contêm apenas referências totalmente positivas são menos convocados para entrevistas do que aqueles que realçam antes um ponto fraco ou uma pequena limitação, para então passar a descrever suas características positivas.

Existem muitas outras aplicações para essa técnica de persuasão. Por exemplo, se você estiver vendendo seu carro, quando um possível comprador quiser experimentar dirigi-lo, dê-lhe voluntariamente informações negativas sobre o produto, especialmente de um tipo que dificilmente seriam descobertas se não fosse dito (por exemplo, a lâmpada dentro do porta-malas está meio solta ou a economia de combustível é modesta), poderá fazer maravilhas para que ele confie em você e em seu veículo.

A estratégia também pode ser aplicada à mesa de negociações. Por exemplo, se houver uma pequena área em que sua vantagem é fraca, a pessoa que está negociando com você provavelmente irá vê-lo como mais digno de confiança se você a mencionar logo de início, em vez de deixar que ela seja descoberta mais tarde. O mesmo se aplica a vendas diretas: se você estiver vendendo copiadoras em cores a uma empresa, e elas comportarem uma quantidade ligeiramente menor de papel que a concorrente, pode ser útil mencionar esse fato logo no início do processo para conquistar a confiança do comprador em potencial. Então seria mais fácil convencê-lo de que as características realmente superiores da sua copiadora ultrapassam a concorrência nessas áreas.

Entretanto, note que quaisquer pontos fracos que você revelar deverão ter a menor importância possível. É por isso que raramente vemos campanhas publicitárias com slogans como "Classificado em último lugar da sua classe pela J.D. Power & Associates, mas assim que conseguirmos cuidar desses defeitos prejudiciais, vamos tentar com mais empenho".

29
Que falhas destravam as caixas-fortes de uma pessoa?

François, Duc de La Rochefoucauld, o escritor e moralista francês do século XVII, previu o surpreendente sucesso da campanha publicitária do Fusca da Volkswagen quando escreveu: "Nós só confessamos nossas pequenas falhas para convencer as pessoas de que não temos grandes defeitos." Embora a campanha parecesse manipular primorosamente os defeitos de seu produto, ao tentarmos usar esses tipos de mensagens, deparamos com um dilema: *quais* pequenos defeitos deveríamos escolher para confessar?

Uma pesquisa conduzida pelo sociólogo Gerd Bohner e seus colegas indica que para que tais apelos persuasivos de "dois lados" alcancem o máximo de eficiência, deve haver uma conexão clara entre os atributos negativos e positivos que são revelados. Em um estudo, Bohner criou três versões diferentes de um anúncio para um restaurante. Uma mensagem mostrava apenas atributos positivos. Vejamos um exemplo: a propaganda enfocava a atmosfera aconchegante do restaurante. A segunda mencionava os mesmos atributos junto a alguns negativos. Por exemplo, além de mencionar a atmosfera aconchegante, o anúncio afirmava que o restaurante não oferecia serviço exclusivo de estacionamento. A terceira descrevia certas características negativas e acrescentava algumas positivas relacionadas a elas. Por exemplo, mostrava o restaurante como muito pequeno, e que, por isso, tinha uma atmosfera aconchegante.

Assim, os participantes que viram o terceiro anúncio puderam fazer a conexão entre os aspectos negativos e positivos do restaurante ("O espaço é pequeno, e por isso a atmosfera é aconchegante"). Em resumo, embora ambos os tipos de mensagens com duas abordagens produzissem aumentos na credibilidade do proprietário do restaurante, a avaliação do local foi mais positiva quando o anúncio relacionou os atributos bons e ruins.

Essas descobertas indicam que se você estiver, primordialmente, procurando aumentar sua credibilidade aos olhos dos outros, os tipos específicos de pontos fracos que você revela em mensagens de dois lados têm menor probabilidade de exercer qualquer influência. Se, todavia, você também estiver procurando acentuar os sentimentos positivos das pessoas em relação ao objeto da discussão — seja um restaurante, um produto ou mesmo suas credenciais —, então é aconselhável assegurar que qualquer nuvem sombria que você descrever venha acompanhada por um revestimento de prata sob medida para ela. Vejamos um exemplo da vida real: quando o presidente Ronald Reagan, dos EUA, candidatou-se à reeleição em 1984, alguns eleitores mostraram-se preocupados com o fato de ele ser muito velho para um segundo mandato. Durante o debate presidencial com o oponente Walter Mondale, Reagan reconheceu que era muito velho, mas declarou: "Quero que vocês saibam que eu não vou ostentar minha idade nessa campanha. Também não vou explorar, por motivos políticos, a juventude e a inexperiência de meu oponente." Embora a reação imediata de Mondale tenha sido uma gargalhada, certamente ele parou de rir quando, posteriormente, foi derrotado em uma das vitórias mais esmagadoras na história das eleições presidenciais dos EUA.

Essa pesquisa também tem muitas aplicações nos negócios. Por exemplo, digamos que você esteja apresentando um produto que sua empresa lançou recentemente a um novo cliente. Ele tem alguns benefícios e características notáveis em relação ao produto correspondente de seus concorrentes, mas tudo isso tem um preço. Como resultado, ele custa cerca de 20% a mais que o produto usado atualmente pela empresa desse novo cliente. No entanto, você também sabe que esses 20% são compensados pelo fato de que o seu produto tem maior durabilidade e manutenção mais barata. Além disso, é mais rápido e compacto, ocupando um espaço significativamente menor do que o de seus concorrentes.

Os resultados dessa pesquisa indicam que depois de mencionar o ponto fraco do preço mais alto, você deve apontar um benefício relacionado com o custo e não com qualquer outro atributo de seu produto. Uma afirmação como, por exemplo, "Como resultado disso, nosso novo produto custa 20% a mais, o que é bastante compensado se considerarmos que ele dura muito mais e tem custos de manutenção mais baixos", seria mais persuasiva do que esta outra afirmação: "Como resultado disso, nosso novo produto custa 20% a mais, só que é muito mais rápido e também ocupa menos espaço."

Em outras palavras, certifique-se de juntar à sua revelação de uma deficiência uma virtude que seja relacionada a ela, e neutralize esse ponto fraco. Quando a sorte nos dá limões, devemos tentar fazer limonada, não suco de maçã.

30

Quando é certo admitir que você estava errado?

Em fevereiro de 2008, a JetBlue Airways, empresa aérea norte-americana com base em Nova York, frustrou milhares de passageiros por causa da falta de preparo e de tomadas medíocres de decisão devido ao rigoroso inverno na região Nordeste dos Estados Unidos. Quase sem exceção, todas as outras empresas aéreas que ofereciam serviços aos passageiros naquela região haviam cancelado inúmeros voos, antecipando a nevasca. Por outro lado, a JetBlue deu esperança a muitos de seus passageiros de que seus aviões iriam decolar. No entanto, as condições climáticas não permitiram e muitos dos clientes da JetBlue se decepcionaram.

Depois de deixar milhares de passageiros abandonados em aeroportos e nas pistas por causa desse pesadelo operacional, a JetBlue viu-se diante de uma difícil decisão de ordem pública: quem ou o que culpar? Deveriam apontar fatores externos, como as condições climáticas, ou deveriam concentrar a culpa em fatores internos relevantes para as operações da companhia? A empresa escolheu esta última alternativa, reconhecendo que as falhas da JetBlue durante a nevasca foram causadas por problemas internos e não externos. É preciso coragem e senso de humildade para admitir os próprios erros, o que talvez seja o motivo pelo qual é tão raro vermos empresas e seus responsáveis assumirem a culpa por um passo em falso ou um julgamento incorreto. A pesquisa de influência social apoia a decisão da JetBlue de fazer o que muitas empresas em sua posição provavelmente nem sequer considerariam.

A cientista social Fiona Lee e seus colegas indicam que as empresas que atribuem falhas a causas internas sairão bem dessa situação adversa não apenas na percepção do público, mas também em termos de faturamento e lucro. Eles argumentam que culpar as falhas internas, possivelmente controláveis, faz com que a empresa pareça exercer maior controle sobre seus próprios recursos e sobre seu futuro. Eles também citam que a reação do público talvez seja partir do princípio de que a empresa tem, em primeiro lugar, um plano para modificar as características que possam ter gerado os problemas.

Para testar essas ideias, Lee e seus colegas conduziram um estudo conciso em que os participantes liam um entre dois relatórios anuais de uma empresa fictícia; ambos explicavam o motivo pelo qual a empresa tivera um desempenho aquém do esperado no ano anterior. Para metade dos participantes, o relatório anual culpava fatores internos (mas potencialmente controláveis) pelo desempenho medíocre:

Relatório A da empresa fictícia

A queda inesperada no faturamento deste ano é em primeira instância atribuída a algumas das decisões estratégicas que tomamos. Adquirir uma nova empresa e lançar diversos produtos novos nos mercados internacionais contribuíram diretamente para a redução no faturamento a curto prazo. Como uma equipe administrativa, não nos preparamos totalmente para as condições desfavoráveis que emergiram dos setores tanto doméstico quanto internacional.

Para a outra metade dos participantes, o relatório culpava fatores externos (e incontroláveis) pelo mau desempenho:

Relatório B da empresa fictícia

A queda no faturamento deste ano é primeiramente atribuída à inesperada queda nos ambientes econômicos doméstico e internacional, e ao aumento da concorrência estrangeira. Essas condições desfavoráveis do mercado contribuíram diretamente para uma queda a curto prazo nas vendas e para dificuldades no lançamento de diversos produtos importantes no mercado. Essas condições inesperadas tiveram origem nas legislações federais e estão completamente fora de nosso controle.

Os participantes que leram o relatório A viram a empresa de forma mais positiva em várias dimensões diferentes, mais que os participantes que leram o relatório B.

Mas os pesquisadores não pararam aí — eles queriam testar sua hipótese em uma situação real. Para isso, reuniram centenas de afirmativas desse tipo contidas em relatórios anuais de 14 empresas por um período de 21 anos. Descobriram que quando essas empresas explicavam as falhas em seus relatórios anuais, as ações daquelas que apontavam para fatores internos e controláveis alcançavam preços mais altos na bolsa um ano depois, diferente das ações daquelas que apontavam para fatores externos e incontroláveis. Assim, se assumir a responsabilidade por seus erros e admitir que você está errado não só é a única coisa certa a ser feita, mas também a atitude certa para sua empresa, por que esse comportamento é tão raro? Frequentemente, a reação a um erro dispendioso e embaraçoso, independentemente de quem o tenha cometido — seja uma empresa ou um indivíduo —, é tentar culpar outras pessoas ou fatores externos para desviar a atenção da fonte do problema. Ao assumirmos essa abordagem, criamos dois problemas maiores para nós mesmos. Primeiro, como a pesquisa indica, é provável que essa estratégia seja ineficiente porque não faz nada para provar aos céticos que temos controle do problema e habilidade para solucioná-lo. Segundo, mesmo que consigamos desviar a atenção para longe de nosso erro a curto prazo, os holofotes — ou talvez, mais precisamente, o alvo — encontrarão seu caminho de volta a longo prazo, realçando potencialmente não apenas nosso erro mas também nossos impulsos equivocados.

Isso vale não somente para empresas, mas também para indivíduos. Se você se encontrar em uma situação em que tenha cometido um erro, deverá admiti-lo e seguir, imediatamente, com um plano de ação, demonstrando que pode assumir o controle e solucionar o problema. Assim, você, em última análise, irá colocar-se em uma posição de maior influência por ser considerado pelos outros não apenas como capaz, mas também como uma pessoa honesta.

Em resumo, os resultados dessa pesquisa sugerem que se você estiver acostumado a se eximir da culpa — apontando seu dedo para fatores externos e não para si mesmo —, tanto você quanto sua empresa certamente terminarão como perdedores.

31

Quando você deve ficar satisfeito ao saber que o servidor caiu?

Defeitos no computador têm o poder de fazer com que o seu ambiente de trabalho seja um local frustrante para os negócios. No entanto, uma pesquisa recente indica que existem certos casos em que esses defeitos podem, na verdade, ser um benefício, e não um prejuízo.

Os cientistas sociais Charles Naquin e Terri Kurtzberg constataram que quando as empresas identificam a tecnologia — em oposição ao erro humano — como a causa principal de um incidente, será menos provável que os clientes, assim como outras pessoas que não pertençam à empresa, a considerem totalmente responsável. Para testar essa hipótese, um estudo determinou que estudantes de contabilidade lessem um artigo jornalístico fictício baseado em um acidente real ocorrido entre dois trens da Chicago Transit Authority, em que muitas pessoas ficaram feridas e muitas outras tiveram atrasos ou outros tipos de inconveniências. Foi dito à metade dos participantes que o problema foi causado por um erro tecnológico. Especificamente, eles foram informados que houve um problema no programa do computador que fez com que o trem se movesse para a frente quando a ação correta seria parar. Para a outra metade dos participantes foi dito que o problema havia sido resultado de um erro humano — o maquinista simplesmente havia deixado o trem ir em frente quando deveria tê-lo parado. Os pesquisadores descobriram que os participantes atribuíram menos culpa à Chicago Transit Authority quando souberam que erros tecnológicos causaram o acidente.

Em um outro estudo, os pesquisadores aproveitaram um incidente real que ocorreu em um campus universitário. Durante o ocorrido, o sistema de correio eletrônico da universidade só permitia que os usuários enviassem e-mails para o campus, um problema que durou um dia inteiro. Os pesquisadores distribuíram pesquisas a estudantes de MBA perguntando a eles até que ponto acreditavam que o Office of Information Technology (OIT), que administrava a rede de computadores da universidade, deveria ser responsabilizado pela inconveniência. Antes de responder à pesquisa, metade dos estudantes recebeu a informação de que o problema "seria, talvez, o resultado de um erro de computador, que inutilizou o servidor", enquanto a outra parte foi informada de que o problema "seria, talvez, o resultado de um erro humano que, consequentemente, inutilizou o servidor". Os resultados revelaram que os participantes atribuíram maior culpa ao OIT, inclusive sugerindo punições financeiras mais substanciais, quando acreditaram que o defeito na rede havia sido causado por erro humano e não por um problema tecnológico.

Por quê? Os resultados do estudo indicam que quando as pessoas tomam conhecimento da causa de um problema na empresa, pensam no quanto ele poderia ter sido evitado. E os acidentes causados por erro humano simplesmente produzem mais desses pensamentos do que as causas tecnológicas devido, provavelmente, à percepção de haver maior controle nos incidentes associados às falhas humanas.

Conforme foi visto no capítulo anterior, muitos de nós somos naturalmente inclinados a minimizar ou até mesmo ocultar os erros ocorridos, especialmente quando a questão pode ter um impacto negativo sobre um de nossos clientes ou colegas de trabalho. Porém, quando confrontados com tais subterfúgios, aquelas pessoas afetadas podem muito bem imaginar que o problema foi causado por erros humanos, que poderiam facilmente ter sido evitados. E, embora tenhamos defendido a admissão da culpa quando você ou sua empresa comete erros, nos casos em que os problemas são realmente causados por defeitos tecnológicos, as pessoas deverão esforçar-se ao máximo para fazer com que os outros tomem conhecimento dessa pequena, mas importante informação. Certifique-se de deixar bem claro que você identificou o problema, o que sinaliza que tem controle sobre a situação e é capaz de evitar que ele se repita.

Atrasos causados por problemas tecnológicos parecem ser um inconveniente cada vez mais comum em nossas vidas. Na verdade, estima-se que a média dos cidadãos do Reino Unido perderá mais de 18 horas por ano em atrasos causados por dificuldades técnicas no transporte público, o que é equivalente a mais de 55 dias na vida de uma pessoa. Embora atrasos de qualquer tipo possam ser frustrantes, o que pode, frequentemente, ser ainda mais irritante é a falta de informação sobre o que o causou. Assim, se você se encontrar na posição nada invejável de ter de anunciar um problema ou um atraso que se fundamente em dificuldades técnicas, deverá apresentar a informação o mais rapidamente possível às pessoas afetadas. Ao agir assim, você estará sendo eficiente de duas maneiras. Primeiro, vai se apresentar como uma pessoa útil, informativa e que está do lado delas. E, em segundo, deixará claro que conhece a fonte do defeito e que, portanto, terá mais controle no futuro.

32

Como as semelhanças podem fazer diferença?

No verão de 1993, a inundação do rio Mississippi ameaçou devastar diversas cidade no Meio-Oeste dos EUA, inclusive a cidade de Quincy, em Illinois. Em resposta ao perigo iminente, centenas de moradores de Quincy trabalharam dia e noite para proteger áreas vulneráveis com milhares de sacos de areia. Tudo parecia desolador; suprimentos e fontes de alimento estavam se esgotando rapidamente enquanto a fadiga, o pessimismo e, o pior de tudo, os níveis de água aumentavam sem parar. No entanto, a disposição dos voluntários aumentou consideravelmente quando souberam que os habitantes de uma pequena cidade em Massachusetts haviam doado uma grande quantidade de mantimentos, que já estava a caminho.

O que influenciou as pessoas de uma cidade qualquer a agir tão generosamente em relação a outra localizada a 1.600km de distância? E por que ajudar Quincy em particular, e não a qualquer uma das outras muitas cidades, grandes e pequenas, que eram ameaçadas por inundações?

Uma abrangente pesquisa psicológica demonstrou que temos tendência a seguir o comportamento de pessoas com as quais compartilhamos características pessoais, tais como valores, crenças, idade e sexo. Mas a resposta a essa pergunta em particular encontra-se em uma sutil e aparentemente irrelevante semelhança entre os dois municípios. Simplesmente com base em um nome compartilhado, os moradores de Quincy, Massachusetts, sentiram um vínculo com os habitantes de Quincy, Illinois, que foi suficientemente forte para motivar sua generosidade.

O que pode explicar isso? Psicólogos sociais descobriram que tendemos a nos sentir especialmente motivados com relação a aspectos sutis associados a nós, tal como nossos nomes. Essa tendência tem se manifestado em algumas formas surpreendentemente convincentes. As evidências indicam, por exemplo, que as pessoas têm maior probabilidade de atender ao pedido de um estranho quando os dois têm a mesma data de nascimento.

Em uma outra série de estudos, o pesquisador Randy Garner enviou pelo correio duas pesquisas a pessoas que eram completamente estranhas. Acompanhando a pesquisa havia um pedido para preenchê-la e devolvê-la, feito por uma pessoa cujo nome era similar ou diferente do de quem recebia a pesquisa. Por exemplo, se o nome fosse similar, um homem chamado Robert Greer receberia a pesquisa com remetente Bob Gregar, e Cynthia Johnston de alguém chamada Cindy Johanson. Os nomes usados na condição não similar eram um entre os nomes dos cinco assistentes da pesquisa envolvidos no estudo.

A probabilidade de preencher e devolver o levantamento entre aqueles que receberam a pesquisa de alguém com um nome que soasse similar foi quase duas vezes maior do que a daqueles que receberam com nomes nada parecidos (56% contra 30%). Além disso, depois de concluída a primeira fase do estudo, todos que devolveram a pesquisa original receberam outra para que avaliassem o papel que vários fatores poderiam ter desempenhado em sua decisão de devolver o estudo. Essa pesquisa foi respondida por quase metade dos participantes, mas nenhum deles indicou que o nome do remetente interferiu na sua decisão de preencher a pesquisa. Descobertas como essa mostram tanto o poder quanto a sutileza da similaridade como uma insinuação utilizada pelas pessoas para decidir quem ajudar.

Uma implicação dessa e de descobertas similares da psicologia social é que clientes em potencial podem ser mais receptivos à exposição de um vendedor com quem compartilhem similaridades em qualquer domínio, seja nome, crença, local de nascimento ou escola frequentada. A exposição de semelhanças também pode ser o primeiro passo para resolver conflitos bastante sérios com colegas de trabalho e até mesmo vizinhos. Naturalmente, não estamos defendendo que as pessoas inventem características ou atributos compartilhados com outros para conquistar seu consentimento. O que estamos sugerindo, porém, é que se você realmente compartilha similaridades genuínas com alguém, deve revelá-las em suas conversas antes de fazer seu pedido ou sua apresentação.

33
Quando seu nome é sua atividade?

Em um episódio da adaptação norte-americana da comédia inglesa *The Office*, o gerente do escritório Michael Scott descobre que seu subordinado bajulador, Dwight Schrute, pretende, sorrateiramente, tentar convencer a alta administração a dar o cargo de Michael para ele. Como desculpa por sua ausência no trabalho, Dwight diz a Michael que precisa ir ao dentista para fazer uma obturação. Quando Dwight retorna ao escritório, Michael pergunta a ele sobre sua experiência no dentista. Sem saber que Michael soube a respeito da tentativa de golpe, Dwight blefa:

> **Michael:** Ei, pensei que você não pudesse comer nada por algumas horas após ter feito uma obturação.
> **Dwight:** [mastigando ruidosamente um doce] Agora existe um novo tipo de amálgama que seca rápido.
> **Michael:** Ah é? Parece ser um bom dentista.
> **Dwight:** É sim.
> **Michael:** Como é o nome dele?
> **Dwight:** [longa pausa] Crentist.
> **Michael:** O nome do seu dentista é Crentist?

Dwight: É.
Michael: Hum... parece muito com dentista.
Dwight: Vai ver que é por isso que ele resolveu ser dentista.

Embora a explicação de Dwight sobre como o "Dr. Crentist" sentiu-se atraído pela profissão de dentista possa soar ridícula, ela não é completamente infundada, pois novas pesquisas deixam claro que afirmações como a de Dwight podem realmente ter base na realidade. No capítulo anterior, vimos como as pessoas tendem a ter sentimentos mais positivos em relação a — e têm maior probabilidade de atender a pedidos de — outros que são semelhantes a eles por algum motivo, mesmo em coisas superficiais como ter nomes que soem parecidos. Mas é possível que nossos nomes possam afetar decisões importantes que influenciem em nossas vidas como, por exemplo, o tipo de carreira que decidimos seguir ou onde resolvemos morar?

Uma pesquisa conduzida pelo cientista comportamental Brett Pelham e seus colegas indica que a resposta é sim. Eles reivindicam que a tendência a favorecer coisas com as quais associamos nossos nomes realmente exercem uma sutil, mas poderosa influência nas principais decisões de nossas vidas. De acordo com os pesquisadores, há um motivo pelo qual Susie escolheu uma profissão em que podia vender "seashells by the seashore" (conchas do mar na praia) e Peter Piper para "picking pecks of pickled peppers" (pegar grandes quantidades de pimentas em conserva), e não o contrário: as pessoas sentem-se atraídas por profissões com nomes similares aos seus.

Para testar essa ideia, Pelham compilou uma lista de nomes que soavam como a palavra "dentist", como, por exemplo, Dennis. De acordo com dados do recenseamento, o nome Dennis foi o 40º mais frequente na população dos EUA àquela ocasião, enquanto foram Jerry e Walter classificados em 39º e 41º, respectivamente. Armado com essa informação, Pelham pesquisou a lista nacional da American Dental Association, checando o número de dentistas com um daqueles três prenomes. Se os nomes das pessoas não exercem qualquer efeito na carreira que elas resolvem seguir, seria de esperar que houvesse, praticamente, números iguais de pessoas com esses três nomes optando pelo campo da odontologia.

Mas não foi isso que Pelham e seus colegas descobriram. A pesquisa, de âmbito nacional, revelou que 257 dentistas chamavam-se Walter, 270, Jerry e 482, Dennis. Isso significa que os dentistas apresentam uma probabilidade de cerca de 82% a mais de se chamarem Dennis do que poderíamos esperar caso a similaridade dos nomes não tivesse absolutamente qualquer efeito na escolha da carreira. Similarmente, pessoas cujos nomes começam por *Geo* (por exemplo George, Geofrey) têm uma probabilidade desproporcionalmente maior de se dedicarem a geociências (por exemplo, geologia). Na verdade, até mesmo a primeira letra do nome de uma pessoa influencia na sua opção por uma carreira profissional. Por exemplo, eles descobriram que proprietários de lojas de hardware têm propensão cerca de 80% maior de ter nomes que comecem com a letra "H" do que com a letra "R", mas os 'roofers' (telhadores) têm uma probabilidade de cerca de 70% maior de ter nomes que comecem com a letra "R" do que com a letra "H". Naturalmente, se você resolvesse perguntar, digamos, a mil "roofers" cujos nomes começam por "R" se a primeira letra de seus nomes teve alguma influência na carreira que escolheram, é provável que metade deles te achasse louco e a outra metade, idiota.*

Acontece que a tendência de sermos atraídos a coisas que são associadas conosco está presente em outras importantes áreas da vida, inclusive quando decidimos onde vamos morar. Para citar apenas algumas de suas descobertas, Pelham e seus colegas demonstraram que, em uma taxa desproporcional:

- As pessoas mudam-se para estados cujos nomes são similares a seus próprios nomes. Por exemplo, pessoas chamadas Florence apresentam uma probabilidade desproporcional de mudar-se para a Flórida, e pessoas chamadas Louise, para a Louisiana.

- As pessoas mudam-se para cidades com números que combinam com os números de sua data de nascimento. Por exemplo, cidades com o número 2 em seus nomes, tais como Two Harbors, em Minnesota, têm um número desproporcional de moradores que nasceram no dia 2 de fevereiro (2/2), enquanto cidades com o número 3 em seus nomes, tais como Three Forks, em Montana, têm um número desproporcional de habitantes que nasceram no dia 3 de março (3/3).

---

* Este fato foi trazido à tona em uma conferência recente, em que um dos autores estava fazendo uma palestra. Ávido por ressaltar uma situação em que não havia qualquer similaridade entre o nome de uma pessoa e sua carreira, um dos presentes comentou: "Tenho um amigo chamado Dennis e ele não é dentista." Ao ser questionado por outro participante qual era a profissão do tal Dennis, ele soltou um longo suspiro e respondeu: "Na verdade, ele trabalha com demolição."

- As pessoas escolhem morar em ruas cujos nomes combinam com os seus. Em outras palavras, alguém chamado Sr. Washington tem mais probabilidade de escolher morar na Washington Street do que alguém chamado Sr. Jefferson.

- As pessoas escolhem casar com outras que tenham nomes ou sobrenomes com sons similares. Se considerarmos que todas as outras coisas são praticamente iguais, se Eric, Erica, Charles e Charlotte se encontrarem pela primeira vez, Erica terá maior probabilidade de envolver-se romanticamente com Eric do que com Charles, e o oposto é mais provável de ocorrer com Charlotte.

- Quando pedimos às pessoas que confiem em seus sentimentos e intuições, elas preferem produtos cujas primeiras letras combinem com as primeiras letras de seus nomes. Assim, alguém chamada Arielle poderia ter maior probabilidade de incluir a barra de chocolate Aero no topo de sua lista do que alguém chamado Larry, que poderia ter maior probabilidade de preferir uma barra de chocolate Lion.

Para empresas que denominam novos produtos dirigidos ao mercado de produtos em massa, essa pesquisa talvez indique apenas que deveriam evitar nomes que comecem com letras incomuns, tais como "Z", "X" e "Q". Mas se você estiver projetando um programa, uma iniciativa ou um produto que esteja sendo feito sob medida para um cliente específico, pode aproveitar a força da tendência natural das pessoas a serem atraídas por coisas que as façam lembrar-se de si mesmas no nome que escolher. Especificamente, você deveria basear o título no nome do cliente ou mesmo em sua primeira letra. Por exemplo, se estiver considerando criar uma estratégia para a Pepsi, dar o nome de Pepsi Proposal ou mesmo algo do tipo Peterson Plan teria maior probabilidade de ter sucesso. E desde que o programa seja verdadeiramente personalizado para um cliente em particular, a estratégia deverá não apenas ser bem-sucedida, mas completamente gratuita.

Similarmente, se você estiver tendo dificuldade em fazer com que seu filho se interesse por leitura, descobrir um título que tenha alguma semelhança com seu nome (por exemplo, você poderia oferecer Harry Potter a Harold ou Harriett) poderá ser a chave para fazer com que eles fiquem motivados. Ou se os pequenos Craig ou Crystal estiverem morrendo de medo de ir ao dentista, você sempre poderá procurar nas Páginas Amarelas para ver se consegue encontrar um chamado Crentist...

34

Que orientação podemos receber daqueles que recebem gorjetas?

De almoços de negócios com clientes até vínculos mais estreitos com nossos amigos e familiares, os restaurantes desempenham um papel vital no sucesso de nossas vidas profissionais e pessoais. Embora possamos ganhar muito interagindo com nossos parceiros durante uma refeição em um ambiente tão propício, uma excelente orientação que captamos de uma ida a um restaurante pode vir de um grupo diferente de pessoas — que espera receber ótimas gorjetas o dia todo, mas raramente é solicitado para dar conselhos.

Esse grupo é formado pelos garçons, que podem nos ensinar muito sobre como ser mais persuasivos. Vejamos um exemplo: muitos garçons descobriram que recebem gorjetas maiores quando repetem em voz alta os pedidos exatamente como cada um dos clientes falou. Muitos de nós já tivemos a experiência de ser atendido por um garçom ou garçonete anotando nossos pedidos e então, passivamente, dizendo "está bem" ou, pior ainda, nem ao menos confirmando nosso pedido. Talvez por isso não seja surpreendente que prefiramos o serviço de alguém que não nos deixe curiosos para saber se o cheeseburguer que pedimos vai chegar à nossa mesa transformado em um sanduíche de frango.

Uma pesquisa realizada por Rick van Baaren testou a ideia de que os garçons e garçonetes que repetem exatamente as mesmas palavras de seus clientes depois de terem recebido o pedido aumentam o valor de suas gorjetas. Sem parafrasear, consentir balançando a cabeça ou se limitar a dizer "está bem" — simplesmente repetindo palavra por palavra o pedido do cliente. Em tal estudo, garçons e garçonetes que adotaram esse procedimento aumentaram o valor de suas gorjetas em cerca de 70%.

Por que repetir as palavras de outro resultaria em uma reação tão generosa por parte dele? Talvez isso tenha ligação com nossa inclinação natural a preferir pessoas que são similares a nós. Na verdade, os pesquisadores Tanya Chartrand e John Bargh argumentam que igualar os comportamentos de outras pessoas cria sentimentos de admiração e reforça os vínculos entre os indivíduos. Em um experimento, os pesquisadores estabeleceram uma situação em que duas pessoas tiveram uma breve interação. No entanto, uma das participantes era assistente de um dos pesquisadores. Em metade dos casos, a assistente da pesquisa espelhou a postura e os comportamentos de outra participante. Em outras palavras, se a participante sentava-se com os braços cruzados e batia o pé, a assistente fazia a mesma coisa. Na outra metade dos casos, a assistente da pesquisa não repetia o que a outra participante fazia.

Os pesquisadores descobriram que as participantes que foram imitadas gostaram mais da ajudante e sentiram que a interação foi mais tranquila do que as participantes cujo comportamento não tinha sido imitado. Similarmente, garçons que repetem as palavras de seus clientes provavelmente receberam mais gorjetas por causa do princípio da simpatia — que queremos fazer coisas boas e dizer "sim" às pessoas de quem gostamos.

Recentemente, o pesquisador William Maddux e seus colegas realizaram uma série de experimentos examinando esses processos em um domínio diferente: o da negociação. Indicaram que imitar um comportamento durante negociações poderia produzir melhores resultados não apenas para a pessoa que imita, mas para ambas as partes. Por exemplo, em um experimento, estudantes de MBA foram instruídos a imitar sutilmente seu parceiro (por exemplo, inclinar-se para trás em sua cadeira se a outra pessoa fizesse isso) durante uma negociação ou não. Quando repetiu-se os mesmos gestos, as duas concordaram em 67% do tempo. E quando isso não era feito? Somente desprezíveis 12,5%. Com base em alguns dados adicionais do experimento, os pesquisadores concluíram que a imitação levou a maior confiança, o que levou, inclusive, um negociador a sentir-se à vontade para revelar detalhes que eram, no mínimo, necessários para superar um beco sem saída e criar uma situação favorável para ambas as partes.

Provavelmente você já teve a experiência de estar em uma reunião com um membro de uma equipe ou negociando com um adversário, e notar que sua postura está igual a deles. Uma reação típica a essa percepção é mudar de posição, para não imitar mais a da outra pessoa — em outras palavras, você age como se houvesse alguma coisa errada em manter a mesma postura. Essa pesquisa indica exatamente o oposto: a imitação deve resultar em *melhores* resultados para vocês dois ou, pelo menos, em benefício para ambas as partes, sem prejuízo de ninguém.

Existem outras aplicações dessas descobertas. Por exemplo, se você trabalha com vendas e serviços para clientes, pode conquistar uma grande harmonia com a sua clientela se começar a repetir suas verbalizações para eles, independentemente de elas serem em forma de perguntas, reclamações ou até mesmo pedidos (por exemplo: "Então você está dizendo que *gostaria de comprar dez unidades agora com a possibilidade de aumentar essa quantidade para vinte em maio*.")

O entendimento dessa pesquisa foi demonstrado de maneira menos desejável quando um de nós recebeu a incumbência, recentemente, de avaliar uma série de conversas telefônicas gravadas, feitas a um serviço de assistência ao cliente. Uma cliente totalmente irritada ligou e exigiu falar com um gerente pois estava nervosa devido a uma promessa em particular que a empresa havia deixado de cumprir.

— Sinto muito por seu transtorno. — foi a resposta da telefonista do centro de serviço.

— Eu não estou transtornada, estou nervosa — respondeu a cliente, elevando o tom de sua voz.

— Sim, posso ouvir que a senhora está perturbada.

— Perturbada? Perturbada? Eu não estou perturbada, estou nervosa — gritou a cliente.

A conversa rapidamente elevou-se em espiral em uma batalha de sentimentos, com a cliente ficando cada vez mais irritada com a relutância em reconhecerem de fato que ela estava nervosa. A simples repetição das palavras da cliente poderia ter levado a um resultado diferente. "Sinto muito por saber que a senhora está nervosa. O que podemos fazer juntas para resolver a situação?" teria sido uma resposta melhor e uma atitude que cada um de nós poderia adotar com bons resultados na tentativa de viver com mais harmonia e ter melhores relacionamentos.

Moral da história? Podemos aprender muito sobre como influenciar os outros pela simples observação de como garçons e garçonetes interagem com seus clientes. As pessoas dizem que a imitação é a forma mais elevada de cortejo, mas essas estratégias indicam que é também uma das formas mais básicas de persuasão.

35
Que tipo de sorriso pode fazer com que o mundo sorria de volta?

"**Não abra uma loja a** menos que você goste de sorrir," adverte um provérbio chinês simples, mas instrutivo. Todos nós já ouvimos sobre a importância de trabalhar com um sorriso, mas será que um sorriso é igual a outro? A maneira como você sorri poderia exercer um efeito positivo sobre aqueles que o veem?

A cientista social Alicia Grandey e seus colegas perguntaram se todos os tipos de sorriso são igualmente efetivos quando se trata da satisfação do cliente. Com base em descobertas anteriores, que demonstraram que as pessoas frequentemente podem distinguir entre sorrisos naturais e forçados, a equipe pensou que a autenticidade dos sorrisos em pessoas que trabalham com o público poderia influenciar na satisfação do cliente, embora a diferença entre os dois tipos de sorriso seja muito sutil.

Em um estudo projetado para testar essa possibilidade, os pesquisadores solicitaram aos participantes que vissem um entre diversos vídeos de uma conversa entre uma recepcionista e um hóspede registrando sua entrada. Os participantes receberam a instrução de indicar o nível de satisfação que sentiriam com a interação caso fossem o hóspede. Sem o conhecimento dos voluntários, o vídeo foi preparado — os pesquisadores contrataram atores para interpretar a empregada e a hóspede. Embora o roteiro tenha permanecido o mesmo, a pesquisadora variava as instruções dadas à atriz que interpretava a recepcionista. Em um caso, ela teria que demonstrar sentimentos positivos com relação ao hóspede e pensar em como poderia fazê-lo se sentir bem — a condição autêntica. No outro caso, ela deveria sorrir durante a interação — a condição inautêntica. Os pesquisadores também variavam solicitando à empregada do hotel para realizar as tarefas de maneira satisfatória ou não. A primeira descoberta é óbvia: os observadores registraram maior satisfação quando a atriz realizava bem as tarefas em comparação com quando agia de forma medíocre. Uma segunda descoberta foi que quando as tarefas não eram realizadas tão bem, a autenticidade do sorriso não fazia muita diferença no nível de satisfação. No entanto, quando as tarefas eram realizadas com perfeição, as pessoas que viram o vídeo do "sorriso natural" disseram que ficariam muito mais satisfeitas com o atendimento do que as que assistiram o vídeo com o "sorriso forçado".

Em um segundo estudo, feito em um ambiente mais natural, os pesquisadores perguntaram a donos de restaurantes, escolhidos a esmo, sobre seus níveis de satisfação com o serviço de seus garçons. Eles também foram questionados sobre a autenticidade percebida nas atitudes positivas de sua equipe com relação a eles. Coerentemente com os resultados do outro estudo, os patrões que perceberam a autenticidade de seus garçons em seus sorrisos positivos mostravam mais satisfação com seu serviço.

Os resultados dessa pesquisa indicam uma revisão do antigo ditado "Sorria e o mundo sorrirá para você". Se seu sorriso for falso, aqueles que interagem com você poderão olhá-lo com reprovação. Então como podemos ter experiências mais autenticamente positivas, e incentivar os outros a fazerem o mesmo?

Uma possibilidade para gerentes de empresas que oferecem treinamento para quem trabalha com o público poderia ser trabalhar as aptidões emocionais dos empregados para ajudá-los a regular e elevar melhor os seus humores. Afinal, empregados infelizes, quando forçados a sorrir para seus clientes, podem envolver-se em interações de qualidade inferior que, em última análise, resultarão em menor satisfação do cliente. Mas esse tipo de treinamento emocional quase sempre requer muito tempo e dinheiro.

Uma segunda abordagem, mais geral, que todos nós podemos fazer, é tentar seguir a sabedoria de Benjamin Franklin: "Procure conhecer as virtudes dos outros." Muitos de nós passamos muito tempo procurando defeitos nas pessoas com as quais interagimos. Se, em vez disso, tentarmos achar seu caráter naquilo que gostamos a seu respeito, passaremos a gostar mais delas; e, como resultado, as pessoas gostarão mais de nós. Em resumo, todos serão beneficiados. Esta abordagem também pode gerar bons resultados quando interagimos com nossos superiores. Para dar um exemplo, um de nós tem uma amiga que tinha um relacionamento muito difícil com seu chefe. Eles raramente se olhavam nos olhos, mas o que acontecia era muito mais que isso — na verdade, ela não gostava dele como pessoa. No entanto, um dia, ela decidiu que ia seguir o conselho de Benjamin Franklin. Embora seu gerente não fosse uma pessoa simpática dentro dos limites do escritório, era um devotado pai de família, uma característica que ela realmente admirava. Depois de concentrar-se nessa qualidade, aos poucos ela começou a gostar mais e mais dele. Um dia, ela disse que admirava sua dedicação à família, e revelou isso com toda honestidade. Para sua surpresa, no dia seguinte ele estava no escritório dela, transmitindo-lhe algumas informações que foram muito úteis — algo que ela tem certeza de que jamais aconteceria em outras circunstâncias.

36

O que pode ser aprendido com as multidões que compram toalhas de chá?

Imediatamente após o anúncio da morte do papa João Paulo II, na noite de 2 de abril de 2005, aconteceu uma coisa estranha. Sem qualquer explicação aparente, milhares de pessoas começaram a entrar em lojinhas para comprar todo tipo de itens comemorativos, tais como xícaras e colheres de prata. Tal comportamento seria instantaneamente explicável se essas pessoas estivessem aproveitando a oportunidade para comprar um pequeno adorno que mostrasse o rosto de João Paulo II, para ter uma lembrança comemorativa da época em que ele esteve à frente da Igreja Católica. Mas essas lembranças não mostravam o papa recentemente falecido. Na verdade, a compra desenfreada nem ao menos ocorreu no Vaticano ou em Roma. Ela ocorreu a muito mais de mil quilômetros de distância, mas não pode haver dúvida sobre a influência que a morte do papa teve nesse curioso comportamento.

Frequentemente considerado uma notável força atuante na queda do comunismo, o papa João Paulo II também apresentava uma significativa influência sobre outras questões, desde consumismo até aborto... mas xícaras comemorativas? Não quaisquer xícaras comemorativas, mas xícaras nobres, para ser preciso, comemorando o casamento do príncipe Charles, de Gales, com Camilla Parker Bowles, realizado na sexta-feira, 8 de abril de 2005, em Windsor, Inglaterra. Na verdade, não foram apenas as xícaras que atraíram um inesperado aumento de vendas. Jogos e toalhas de chá, talheres de prata, tapetes e chaveiros foram os alvos de tantos caçadores de lembranças. O que poderia ter provocado essa corrida em massa tão surpreendente?

Na segunda-feira, 4 de abril de 2005, o Vaticano anunciou que o funeral do papa João Paulo II seria em Roma, na sexta-feira seguinte — no mesmo dia em que foi programado o casamento real. Como demonstração de respeito, e para que o príncipe de Gales pudesse estar presente no enterro, a família real remarcou apressadamente o casamento para o dia seguinte, sábado, 9 de abril de 2005. Como resultado, todas as lojas de lembranças em Windsor estavam com estoques de produtos marcados com a data errada. Identificando uma oportunidade em potencial de obter lucros, as pessoas começaram a comprar tudo que continha a data errada, pensando, invariavelmente, que poderiam vender esses produtos cujos estoques terminariam em breve, talvez pelo eBay, a um colecionador interessado.

As lembranças com data errada passaram a ser um Penny Black* dos dias modernos. E com a divulgação de sua compra, isso serviu apenas para aumentar o número de caçadores de lembranças. As lojas venderam todo o

---

* Penny Black foi o primeiro selo do mundo, emitido no Reino Unido em 1º de maio de 1840, para ser usado a partir de 6 de maio. Devido a problemas de impressão, foi utilizado por pouco mais de um ano. O selo preto foi substituído por um vermelho, mas um pequeno número continuou a ser impresso em preto. Esses são muito raros. (*N. do T.*)

estoque. Diversos jornalistas que já estavam em Windsor preparando-se para fazer a cobertura do casamento real paravam as pessoas que saíam das lojas com suas sacolas e perguntavam se elas eram do tipo que, normalmente, compraria aquelas coisas. Para sua surpresa, a maioria respondia que não. Aqueles caçadores não estavam sendo influenciados pela necessidade de uma caneca de café ou pela qualidade do produto, nem ao menos por sua conexão com um evento real. Foram persuadidos pelo fato de que estavam com a data errada e, como resultado, poderiam valer alguma coisa no futuro.

Durante as cinco últimas décadas, estudos científicos de persuasão concluíram várias e várias vezes que itens raros e exclusivos têm maior valor para nós. Queremos mais as coisas quando sabemos que são escassas e disponíveis apenas em quantidades limitadas e por pouco tempo. No caso das lembranças reais, as pessoas provavelmente partiram do princípio de que os donos das lojas jogariam fora todos os itens com data errada por causa da informação incorreta. Chega a ser irônico, então, que como o casamento não foi um dos eventos reais mais populares dos tempos atuais, alguns dias depois, quando as lojas refizeram seus estoques com lembranças que exibiam a data correta do casamento, mais pessoas tinham as lembranças com a data errada do que com a certa. Aquelas que pensavam que fossem raras passaram a ser, na verdade, mais comuns e, por consequência, ter menor valor.

No entanto, surgiram alguns compradores com uma visão mais aguçada. Foram os que disseram ter voltado às lojas, alguns dias depois, para comprar a mesma lembrança com a data corrigida. Eles sabiam que, considerando as grandes multidões que foram às compras, a coisa mais rara de todas seria o conjunto total — uma caneca com a data errada e outra igual com a data certa.

Assim, o que isso nos diz sobre como ser mais persuasivos? Se você tem um negócio, deve dar informações aos seus clientes sobre o que é genuinamente raro e exclusivo em seus produtos e serviços. Identificar as características que seu produto tem mas o do concorrente não pode ser uma maneira persuasiva de fazer com que seus clientes digam sim à sua oferta e não à de seu concorrente. Similarmente, colegas de trabalho podem ser persuadidos a ajudá-lo em um projeto ou em uma iniciativa se forem informados sobre sua exclusividade: "Não é sempre que temos a chance de estar envolvidos em uma iniciativa como esta." Até membros da família têm mais probabilidade de reagir favoravelmente quando tomam conhecimento de que seu tempo e sua assistência são raros e escassos. Informando, de forma simples e honesta, o fato de que seus produtos, seu serviço, seu tempo e sua ajuda são limitados, você dá um maior valor a eles, a ponto de as pessoas passarem a apreciá-los e a você. E, em geral, dizemos sim com mais frequência às coisas e pessoas que apreciamos.

Um pouco de pesquisa científica reforça o poder da escassez para influenciar nossas resoluções. Também podemos vê-lo operando em nossa vida, no dia a dia. Nos últimos anos, até mesmo o "espírito de Natal" tornou-se escasso, com os pais praticamente brigando nas lojas por jogos eletrônicos quase esgotados. E, no Reino Unido, a crise do petróleo no verão de 2000 resultou em um comportamento extraordinário, quando as pessoas brigavam umas com as outras para comprar o combustível cuja disponibilidade estava tão limitada. Como outro exemplo, imediatamente após a British Airways ter anunciado, em fevereiro de 2003, que iria aposentar de vez o Concorde, as vendas de assentos no avião fizeram o oposto: decolaram. E, em outubro de 2003, a noção de perder alguma coisa fez com que milhares de pessoas parassem seus carros e bloqueassem uma importante rodovia, apenas para ver a última decolagem do Concorde; uma cena, é bom que fique claro, que havia sido visível todos os dias durante os últimos trinta anos, mais ou menos.

Todos nós já experimentamos os efeitos psicológicos do princípio da escassez no nosso dia a dia. No entanto, existe um domínio menos palpável em que o princípio opera, tanto sutilmente quanto com força total: o da informação. Estudos demonstraram que aquela que é exclusiva é vista tanto como mais valiosa quanto como mais persuasiva. Por exemplo, em um estudo conduzido pelo pesquisador Amram Knishinsky, os compradores de carne no atacado mais que duplicaram seus pedidos quando foram informados de que possivelmente haveria uma crise na pecuária australiana por causa das condições climáticas de lá. Esta é uma demonstração clara do efeito da escassez dos próprios produtos. Além disso, no entanto, quando aqueles compradores tomaram conhecimento de que a informação viera de uma fonte exclusiva e não estava disponível para o público em geral (as duas informações sobre a escassez eram verdadeiras), eles aumentaram seus pedidos em surpreendentes 600%!

Essas descobertas oferecem uma clara visão e as aplicações que farão com que suas solicitações sejam mais persuasivas, levando, por sua vez, mais pessoas a aceitarem seus pedidos. Se você divulgar informações que sejam exclusivas para você, mas deixar de observar sua atual exclusividade, poderá perder uma excelente oportunidade de usar uma efetiva e ética técnica de influência.

37

O que você pode ganhar com a perda?

No dia 23 de abril de 1985, a Coca-Cola tomou uma decisão que a revista *Time* posteriormente considerou como "o fiasco de marketing da década": em resposta aos dados de que mais pessoas preferiam o sabor mais doce da Pepsi, eles decidiram retirar do mercado sua fórmula tradicional da Coke e substituí-la por uma "New Coke" mais doce. Muitos de nós lembramos daquele dia. Nas palavras de uma reportagem jornalística, "A Coca-Cola Company não previu a total frustração e a fúria generalizada que sua ação acarretaria. De Bangor a Burbank, de Detroit a Dallas, dezenas de milhares de amantes da Coca-Cola levantaram-se como se fossem um só para repelir o sabor da nova e exigiram de volta a antiga".

Talvez o exemplo mais extremo dessa combinação de afronta e anseio venha da história de um investidor aposentado de Seattle chamado Gay Mullins, que se transformou em uma celebridade nacional ao fundar uma sociedade chamada Old Cola Drinkers of America (algo como os velhos bebedores de Coca-Cola da América). Foi um grupo de pessoas que trabalharam incansavelmente para trazer de volta ao mercado a fórmula tradicional usando quaisquer meios civis, judiciais ou legislativos disponíveis. Por exemplo, Mullins estabeleceu a linha direta, através da qual os cidadãos podiam expressar seu descontentamento e registrar seus sentimentos, que recebeu mais de 60 mil ligações. Ele distribuiu milhares de distintivos e camisetas anti-New Coke. Chegou mesmo a tentar abrir um processo em nome de uma categoria contra a Coca-Cola Company, o que foi rapidamente recusado por um juiz federal. O que é mais surpreendente com relação ao comportamento do Sr. Mullins é que não importava a ele o fato de que, em testes de sabor com os olhos vendados, pudesse preferir o sabor da New Coke em detrimento da original ou que não conseguisse perceber qualquer diferença entre eles.

Note que a coisa de que o Sr. Mullins *gostava mais* era para ele menos valiosa do que a que achava estar *perdendo*. Voltaremos a essa ideia em um momento. No entanto, nesse contexto, vale a pena notar que, mesmo depois de ter voltado atrás para atender às exigências dos clientes e levar a Coke original de volta às prateleiras, os executivos da empresa ficaram atormentados e, de certa forma, perplexos com o que havia acontecido. Essas foram as palavras de Donald Keough, então presidente da Coca-Cola Company, sobre a lealdade ferrenha dos consumidores à Coke original: "É um maravilhoso mistério norte-americano, um adorável enigma americano. E não podemos medi-lo, assim como não podemos medir o amor, o orgulho ou o patriotismo."

Nós discordamos. Em primeiro lugar, não é mistério se entendermos a psicologia do princípio da escassez, e particularmente como ele se relaciona com a sensibilidade das pessoas que perdem alguma coisa que já têm. Este é especialmente o caso de um produto que está tão envolvido nas histórias e tradições das pessoas quanto a Coca-Cola está no mundo todo.

Em segundo lugar, essa inclinação natural por parte dos apreciadores de Coca-Cola não só *pode* ser mensurada, como achamos que a sua empresa *já* mensurou — no mínimo, em sua própria pesquisa de mercado. Ela estava ali, bem diante deles, antes que eles tomassem a impróspera decisão de mudar, mas eles não combinaram seus dados com um entendimento dos fatores de influência social.

O pessoal da Coca-Cola Company não faz economia quando se trata de pesquisa de mercado. Estão sempre dispostos a investir milhões de dólares para assegurar que analisaram o mercado corretamente para o lançamento de novos produtos. Antes de sua decisão de mudar para a nova Coke, de 1981 a 1984 eles testaram muito cuidadosamente as nova e antiga fórmulas com quase 200 mil pessoas em 25 cidades. O que descobriram em suas degustações, muitas das quais realizadas com os participantes vendados, foi uma clara preferência, 55% contra 45%, pela *nova* Coke em detrimento do antigo sabor. No entanto, alguns dos testes não foram conduzidos com amostras não identificadas. Nesses, os participantes souberam qual era a Coke antiga e qual era a nova. Sob essas condições, a preferência pela nova Coke *aumentou* em 6% adicionais.

Como isso se encaixa no fato de as pessoas terem expressado uma clara preferência pela *antiga* Coke quando a empresa finalmente lançou a nova? A única maneira de entendermos isso é com a aplicação do princípio da escassez ao quebra-cabeça: durante os testes de sabor, era a nova Coke que não estava disponível para vendas, e assim, quando foram identificadas as duas amostras, os participantes demonstraram uma preferência especialmente acentuada pela bebida a que, de outra forma, não teriam acesso. Mas, posteriormente, quando a empresa substituiu a receita tradicional pela nova, era a antiga Coke que as pessoas não poderiam comprar, e *ela* passou a ser a preferida.

Assim, um aumento de 6% na preferência pela nova Coke estava bem ali na pesquisa quando os executivos viram a diferença entre os resultados dos testes de sabor com os olhos vendados e com as amostras identificadas. O problema é que eles simplesmente os interpretaram de forma errada. Provavelmente disseram a si mesmos, "Ah, ótimo, isso significa que quando as pessoas sabem que estão recebendo uma coisa nova, seu desejo por ela aumenta consideravelmente". Mas, na verdade, o que aquele aumento de 6% realmente significou foi que quando as pessoas sabem o que *não podem obter*, seu desejo por isso aumenta consideravelmente.

Sendo um motivo ainda mais poderoso do que simplesmente fazer com que um produto deixe de ser disponível, a retirada da Coke original das prateleiras significou que os apreciadores do refrigerante por toda a vida estavam na verdade perdendo uma coisa que já haviam se acostumado a ter regularmente. E a tendência a ser mais sensível a possíveis perdas do que a possíveis ganhos é uma das descobertas mais bem fundamentadas da ciência social. Os pesquisadores comportamentais Daniel Kahneman e Amos Tversky foram os primeiros a testar e documentar a noção de "aversão à perda". Isso pode explicar grande parte do comportamento humano em áreas que incluem finança, tomadas de decisão, negociação e persuasão.

Por exemplo, uma consequência da aversão à perda é que ela costuma incentivar os investidores inexperientes a vender prematuramente ações que aumentaram de valor por não quererem perder o que já ganharam. Similarmente, o desejo de evitar qualquer perda em potencial também motiva esses investidores a manterem as ações que perderam valor desde a data da compra. Pelo fato de que a venda das ações naquele momento seria formal e significaria assumir irrevogavelmente uma perda no investimento, muitos desses investidores sentem-se relutantes em vendê-las, decisão que frequentemente resulta em um declínio ainda mais acentuado do preço das ações.

A aversão à perda também é importante do ponto de vista do marketing. Falando de modo geral, publicitários e anunciantes concentram seus esforços no sentido de transmitir uma mensagem sobre os benefícios de seu produto a clientes em potencial. Na tentativa de fazer isso, eles muitas vezes desenvolvem sua mensagem em termos do que os clientes em potencial têm a ganhar com o produto. No entanto, em tais casos, podem muito bem estar perdendo uma oportunidade de apresentar sua mensagem de forma mais persuasiva, concentrando-se, assim, no que seu público-alvo teria a perder. Em vez de usar uma linguagem como "Aproveite esta oportunidade para experimentar nossa nova linha de produtos com 20% de desconto", eles poderiam ter mais sucesso dizendo "Não perca esta oportunidade de experimentar nossa nova linha de produtos com 20% de desconto". No último exemplo, eles estariam chamando a atenção do público pois, ao demonstrar que o negócio é escasso de alguma forma (por exemplo, disponível por tempo limitado), os compradores em potencial correriam o perigo de perder a oportunidade de comprar os produtos com o desconto atual.

Da mesma forma, se você pretende persuadir seus colegas a trabalharem com você em um projeto particular, é importante chamar a atenção não só para o que eles podem ganhar, mas também para o que têm a perder em termos de oportunidades e experiência. Na verdade, uma pesquisa conduzida pela cientista social Marjorie Shelley demonstrou que perdas em potencial atuam com muito mais força na tomada de decisão dos gerentes do que se as mesmas coisas tivessem sido apresentadas como ganhos. Por exemplo, digamos que você tenha uma ideia que, se adotada, representará uma economia potencial de até 100 mil dólares por ano para seu departamento. Em vez de apresentar essa ideia como uma economia, você provavelmente será mais persuasivo se apresentá-la em termos de perda da mesma quantia, caso a ideia não venha a ser adotada.

A noção de perda também é constrangedora em termos de mensagens que recebemos. Quando se fizeram passar por representantes de uma empresa local de serviço público, pesquisadores da University of California descobriram que um grupo de proprietários de imóveis tinha 300% a mais de probabilidade, em comparação com outro grupo, de aceitar as melhorias recomendadas para um melhor uso da energia elétrica em suas casas. Para isso, os primeiros tomaram conhecimento de que continuariam a perder uma média de 50 centavos por dia caso não adotassem as recomendações, ao contrário do segundo grupo, que foi informado de que poderiam economizar a mesma quantia. Note que, neste exemplo, as mensagens não expõem diferenças na possível economia. Porém, a que cita a possibilidade de perda foi muito mais persuasiva.

É crucial também lembrar que podemos ser indevidamente influenciados por essa estratégia. Por exemplo, alguns negociadores pouco honestos — como vendedores de carros — vão esperar até um pouco antes do estabelecimento de um acordo final estar ao alcance das mãos para lançar uma desagradável exigência do tipo "pegar ou largar", sabendo muito bem que seu interlocutor não estará inclinado a ir embora. Afinal de contas, afastar-se dali significaria uma grande perda de tempo, esforço e oportunidade (também conhecida como "custos perdidos"). Se você acreditar que o profissional de vendas com quem está negociando esteja manipulando sua aversão à perda dessa maneira, certifique-se de que é o vendedor quem está sentindo a perda.

38

Que palavra pode reforçar suas tentativas de persuasão?

Estamos nos preparando para ver o Mágico
O maravilhoso Mágico de Oz...
Porque, porque, porque, porque, porque, porque!
Porque ele faz coisas maravilhosas.

Baseado no famoso livro infantil de L. Frank Baum, o filme *O mágico de Oz*, de 1939, continua sendo um dos preferidos entre as famílias. Muitos de nós conhecemos as peripécias de Dorothy e seus amigos Espantalho, Homem de Lata e Leão, em sua perigosa aventura pela Estrada de Tijolinhos Amarelos. Evidentemente, o Mágico de Oz conseguiu persuadi-los de que valeria a pena vê-lo. Mas o que a canção que os quatro viajantes cantam ao longo do caminho nos diz sobre o poder de persuadir com êxito outras pessoas a seguir os caminhos que preparamos para elas?

Vamos pensar nas filas. Quer você esteja em um banco, em um supermercado ou em um parque de diversões, entrar na fila, provavelmente, não é sua ideia de entretenimento. Considerando a motivação quase universal de sair da fila o mais rapidamente possível, sob que circunstâncias você estaria disposto a deixar uma outra pessoa entrar na sua frente? Um tema central deste livro é que pequenas mudanças nas solicitações podem, com frequência, levar a resultados surpreendentemente grandes. Mas será possível que uma única palavra no pedido feito pode aumentar drasticamente a probabilidade de que você diga "sim, vá em frente"?

Sim — e a palavra é *porque*. A cientista comportamental Ellen Langer e seus colegas decidiram testar a força persuasiva dessa palavra. Em um estudo, Langer providenciou para que uma estranha se aproximasse de alguém que esperava na fila para usar uma fotocopiadora e simplesmente perguntasse: "Com licença, tenho cinco páginas. Posso tirar xerox?" Diante dessa solicitação direta de furar a fila, 60% das pessoas concordaram em permitir que a estranha passasse à frente delas. No entanto, quando a estranha acrescentou um motivo ("Posso tirar xerox, porque estou com pressa?"), quase todos (94%) concordaram. Esse tipo de incentivo pode não parecer muito surpreendente. Afinal, indicar um motivo sólido para a solicitação justifica o pedido de furar a fila.

É aqui que o estudo fica realmente interessante: Langer testou mais uma versão do pedido. Dessa vez, a estranha também usou a palavra *porque*, mas deu um motivo completamente sem sentido. Especificamente, a estranha disse, "Posso usar xerox, porque preciso fazer umas cópias?" Porque você precisa *fazer umas cópias*? Isso é óbvio — você não vai usá-la para apontar seu lápis, vai? A despeito da redundância vaga do "motivo" que a estranha alegou, ele gerou praticamente os mesmos níveis de aceitação de antes, quando a razão foi plenamente legítima (93%).

O estudo com a xerox demonstra a influência motivacional singular da palavra *porque*. A palavra obtém sua força persuasiva da associação continuamente reforçada durante o curso de nossas vidas entre o *porque* e as boas análises racionais que normalmente a seguem (por exemplo: "...porque isso me ajudaria a conseguir a promoção", "...porque meu tempo já está se esgotando", "...porque a seleção da Inglaterra tem alguns dos melhores jogadores do mundo").

Naturalmente, como a maioria das coisas, a força da palavra *porque* tem seus limites. No estudo da xerox, a aceitação foi igualmente alta independentemente da péssima análise racional que a seguiu. Mas, naqueles casos, o pedido foi pequeno — a solicitante só pediu para fazer cinco cópias. Para ver o que aconteceria com um favor maior, Langer introduziu outro conjunto de condições experimentais. A solicitante disse a um grupo de participantes que precisava fazer vinte cópias. Qualquer pessoa que já tenha usado uma máquina de cópias sabe que a chance de os papéis emperrarem parece aumentar exponencialmente a cada página acrescentada. Em outras palavras, as respostas dos participantes a esse pedido mais difícil de ser aceito pode ter um impacto substancialmente maior neles do que sua resposta a uma solicitação que envolva menos.

Dessa vez, quando a estranha fez o pedido sem usar a palavra *porque*, somente 24% concordaram. Mas o que aconteceu quando um motivo sem sentido foi dado? — quando disseram "...porque preciso fazer cópias". Isso não produziu qualquer aumento na aceitação. No entanto, quando o pedido maior foi feito com um bom motivo ("...porque estou com pressa"), o índice de aceitação duplicou. Considerados em sua totalidade, os resultados desse estudo sugerem que quando há pouca coisa em jogo, as pessoas mostram-se mais propensas a fazer atalhos mentais na hora de decidir como se comportar, em vez de pensar muito sobre a questão. Por outro lado, quando há muito em jogo, as pessoas realmente levam em consideração a força dos motivos de quem faz a solicitação ao decidirem como responder.

Essas descobertas servem como um lembrete de que você sempre deve ter certeza de acompanhar suas solicitações com uma boa análise racional, mesmo quando achar que os motivos são perfeitamente claros. Por exemplo, quando marcar um encontro com uma cliente ou pedir a um colega de trabalho para cooperar em um novo projeto, certifique-se de declarar o motivo por trás de sua solicitação. Isso pode parecer óbvio, mas muitas vezes nós partimos, equivocadamente, do princípio de que as outras pessoas entendem as razões por trás de nossos pedidos.

Essa estratégia também envolve a probabilidade de pagar dividendos em casa. Em vez de pedir a seus filhos "venham à mesa para jantar agora" ou "vão para a cama imediatamente", uma estratégia mais eficaz seria dar um motivo pelo qual você está pedindo isso a eles — e não apenas *"porque estou mandando!"*.

É importante notar que a palavra *porque* funciona dos dois lados. Você deve tentar fazer com que as outras pessoas digam *porque* a você. Por exemplo, suponha que você trabalhe para uma determinada empresa. Seus clientes de longa data podem até já estar acostumados a trabalhar com você, mas a cada ano os motivos para permanecerem fiéis à sua empresa podem ter se tornado menos evidentes, ou, o que é ainda pior, ter ficado inteiramente esquecidos. Consequentemente, seu negócio pode ter ficado vulnerável aos concorrentes. Uma maneira eficaz de reforçar seus laços comerciais e a confiança de seus clientes é fazer com que as pessoas que tomam decisões na firma de seu cliente gerem motivos pelos quais usam seus produtos ou serviços. Isso pode ser obtido por meio de pesquisas de opiniões, em que você solicita que descrevam por que gostam de fazer negócios com sua empresa. Uma pesquisa realizada por Gregory Maio e seus colegas indica que esse procedimento vai reforçar o comprometimento de seus clientes com sua empresa, fazendo com que eles se lembrem de que o relacionamento continuado é racional, e não simplesmente habitual. Em outras palavras, faça com que as pessoas digam *porque* para você, e assim como Dorothy e seus companheiros de viagem, eles vão acabar entoando louvores a você.

39
Quando pedir todos os motivos é um erro?

"Primeiro, não causar danos." Embora o juramento de Hipócrates aplique-se, primordialmente, às obrigações das pessoas que lidam com a medicina, ele também se aplica, certamente, às dos anunciantes com relação aos produtos que tentam vender. No mínimo, eles não deveriam *causar danos* às suas tentativas de vendas de bens e serviços. Mas como um redator bem-intencionado pode, na verdade, levar os consumidores em potencial na direção de um concorrente?

Lembremo-nos do capítulo anterior, que explica que fazer com que as pessoas gerem motivos que os levem a favorecer certa posição pode ser uma estratégia altamente eficaz para reforçar suas crenças nesse argumento. Se aplicarmos esse raciocínio aos anúncios, parece sábio incentivar os consumidores a pensar no maior número possível de motivos para escolher nossos bens e serviços. No entanto, uma pesquisa recente indica que, sob certas circunstâncias, essa estratégia pode, na verdade, ter um resultado oposto ao esperado.

Imagine que você saia às ruas para comprar um novo carro de luxo e tenha limitado suas opções a duas marcas:

BMW e Mercedes. Você abre uma revista e vê um anúncio da BMW que diz o seguinte: "BMW ou Mercedes? Há muitos motivos para escolher uma BMW. Você consegue mencionar dez?"

Em um estudo conduzido por Michaela Wänke e seus colegas, um grupo de estudantes de administração de empresas viu um anúncio como esse entre vários. Outro grupo, do mesmo curso e da mesma universidade, viu um anúncio ligeiramente diferente — um que dizia "BMW ou Mercedes? Existem muitos motivos para escolher uma BMW. Você consegue mencionar *um*?' (Foi acrescentada a ênfase, com o itálico).

Posteriormente, solicitou-se que os participantes dessem suas opiniões sobre BMW e Mercedes, inclusive seu interesse em um dia comprar um carro de uma dessas marcas. Os resultados foram claros: o texto do anúncio que pedia aos leitores que mencionassem dez motivos para escolher uma BMW gerou avaliações *mais baixas* da BMW e mais altas da Mercedes, em comparação com o texto que pedia para que os leitores mencionassem apenas um motivo para escolher uma BMW.

O que foi responsável por esse resultado contrário ao esperado? Os pesquisadores explicam que os participantes desse estudo basearam seus julgamentos da BMW na facilidade com que encontrariam motivos para dar apoio a essa marca. Quando precisaram mencionar apenas um motivo, os participantes tiveram uma relativa facilidade. Entretanto, diante do desafio de mencionar dez, a tarefa foi muito difícil. Assim, uma vez que o *número* de motivos foi gerado para funcionar como o melhor indicador para suas avaliações, os participantes, em vez disso, basearam seus julgamentos na *facilidade ou dificuldade* do processo de gerar motivos. De modo mais geral, os psicólogos referem-se a esse processo como a "fluência" dessa experiência, um conceito ao qual voltaremos mais adiante.

Os dados desse estudo indicam que, antes de pedir a seu público-alvo para gerar múltiplos motivos em apoio à sua posição, é importante considerar a facilidade com que ele poderá fazê-lo. Se a tarefa parecer relativamente difícil, peça para que eles, em vez disso, gerem apenas alguns motivos. As descobertas também sugerem uma estratégia até certo ponto irônica: você pode obter uma vantagem potencialmente elevada pedindo para o seu público-alvo gerar um grande número de razões *em favor das ofertas de seu concorrente*. Quanto maior a dificuldade das pessoas em achar um grande número de análises racionais, melhor os seus produtos, serviços ou iniciativas aparecerão na comparação.

Outra pesquisa demonstrou que a facilidade ou dificuldade de simplesmente *imaginar* o uso de um produto também vai afetar nas decisões dos consumidores. Uma pesquisa conduzida pela socióloga Petia Petrova demonstrou que incentivar os clientes a se imaginar experimentando as delícias de um restaurante ou viajando nas férias só aumenta o desejo de visitá-lo quando for fácil se imaginar fazendo isso.

Seguindo essa linha de raciocínio, você talvez queira considerar até que ponto seu produto ou, de modo mais geral, sua solicitação para o comportamento que deseja no seu público-alvo envolve ações que são novas ou estranhas a elas. Por exemplo, você pode querer convencer um grupo de consumidores a comprar um produto inteiramente novo, comercializado por sua empresa. Se esse produto tiver características técnicas complicadas, com as quais o grupo tenha pouca ou nenhuma experiência, e que ainda não tenham sido totalmente explicadas, pode ser difícil para que seus clientes em potencial se imaginem usando o produto, o que fará com que haja menor probabilidade de que eles o selecionem.

Outro campo onde essas descobertas são claramente importantes é o da produção de propagandas. Os diretores de arte normalmente recebem carta branca para gerar imagens que sejam captadas em um piscar de olhos ou que sejam memoráveis, mas, no processo, podem criar imagens que sejam abstratas, sem dar muita importância a como elas afetam a habilidade do público-alvo de se visualizar usando o produto. Essa pesquisa mostra que imagens concretas têm mais probabilidade de ser efetivas do que as abstratas. Além disso, a resolução nesses tipos de caso pode ser melhorada por meio de maior colaboração com os redatores, antes do teste dos anúncios, e de públicos-alvos que sejam especificamente levados a entender o nível de dificuldade para que potenciais compradores possam imaginar-se nas situações relevantes.

40
Como a simplicidade de um nome pode fazer com que ele pareça mais valioso?

Quando, certa vez, fizeram a complexa pergunta de como o mercado de ações iria se comportar na sequência, segundo consta, J.P. Morgan deu uma resposta simples: "Ele vai flutuar." Mas como o poder da simplicidade pode — particularmente com relação a seu produto, projeto ou mesmo sua empresa — ajudar você a impulsionar sua influência?

De acordo com os sociólogos Adam Alter e Daniel Oppenheimer, as pessoas tendem a ter maior afeição por palavras e nomes que sejam fáceis de pronunciar — que tenham um maior grau de fluência — do que aqueles que são difíceis. Eles argumentam que as pessoas têm uma sensação mais positiva em relação a nomes de empresas e símbolos de ações que sejam mais fáceis de ler e pronunciar do que quando não. Uma consequência dessa tendência psicológica é que, quanto mais fácil for de ler ou pronunciar o nome de uma empresa ou do símbolo da ação, mais valor parecerá ter para as pessoas, levando a um aumento nos preços de suas ações.

Para testar pela primeira vez esta hipótese em um estudo controlado, eles geraram nomes de ações fictícias que eram fáceis ou difíceis de pronunciar. Disseram aos participantes que aquelas eram empresas de verdade e pediram-lhes para estimar o desempenho futuro de cada uma delas. Os resultados foram claros: os participantes não só indicaram que as ações pronunciáveis (por exemplo: Slingerman, Vander, Tanley) seriam mais valorizadas do que outras (por exemplo: Sagxter, Frurio, Xagibdan), como também previram que as primeiras teriam mais valor enquanto as segundas sofreriam depreciação.

Para descobrir se isso aconteceria em uma situação real, Alter e Oppenheimer selecionaram ao acaso 89 empresas cujas ações eram comercializadas na New York Stock Exchange e foram oferecidas ao público inicialmente entre 1990 e 2004. Em seguida, observaram a relação entre a fluência do nome de uma ação e seu desempenho um dia, uma semana, seis meses e um ano após a oferta inicial ao público. Os pesquisadores descobriram que se uma pessoa tivesse investido mil dólares nas empresas com nomes mais fáceis de pronunciar, o investimento teria sido superior às suas contrapartes no grupo das dez empresas com nomes menos fluentes, em cada um dos períodos designados — houve, inclusive, uma diferença de 333 dólares um ano após a oferta inicial ao público. Além disso, em outro estudo, os autores separaram mais de 750 empresas relacionadas na New York Stock Exchange ou na American Stock Exchange, levando em consideração se suas iniciais eram pronunciáveis (por exemplo, KAR) ou não (por exemplo, RDO), chegando a resultados similares.

Assim, estamos recomendando que você venda imediatamente suas ações da Mxyzptlk Holding Corp. e não as da Yahoo!, demita seu assessor financeiro ou faça uma venda de garagem para livrar-se dos macacos e alvos de dardo que usa para escolher suas ações? Não exatamente. No entanto, aconselhamos que você não subestime o poder da simplicidade, mesmo no nome que você dá à sua empresa, ao seu produto ou à sua iniciativa. Muitas vezes, as pessoas ficam mais tocadas em aspectos aparentemente mais influentes de seus projetos, o que negligencia a primeira peça de informação que será comunicada ao seu público-alvo — seu nome. Se todos os outros elementos forem iguais, quanto mais fácil for ler e pronunciar o nome de sua empresa, maior será a probabilidade de que acionistas em potencial ou outros tomadores de decisões venham a vê-la positivamente.

Em uma tendência similar, os pesquisadores descobriram que o poder de persuasão de uma mensagem manuscrita é influenciado pela qualidade da caligrafia: quanto pior for a letra, menos convincente será a mensagem. Como acontece no processo descrito nos dois últimos capítulos, este é um caso em que os leitores atribuem erroneamente o senso de dificuldade que sentem quando precisam ler uma mensagem com letra feia: em vez de levar a caligrafia ruim em consideração, creditam a dificuldade ao teor da mensagem. Pelo menos superficialmente, parece haver uma solução fácil e acessível para quem tem uma péssima caligrafia: será que não podemos apenas digitar as nossas mensagens persuasivas? Sim, mas até mesmo este conselho vem com uma advertência: pesquisas demonstraram que seu argumento tem probabilidade de ser mais persuasivo se for escrito com uma fonte fácil de ler.

As descobertas de todas essas pesquisas também têm implicações mais gerais a respeito de como as pessoas escolhem se comunicar entre si. Tomemos, por exemplo, o fato de que os comunicadores, muitas vezes, tentam transmitir sua erudição por meio de uma verbosidade grandiloquente, magniloquente, sesquipedal; em outras palavras, tentam parecer inteligentes usando palavras desnecessariamente longas ou um jargão estritamente técnico.* Consideremos, por exemplo, a seguinte comunicação enviada por um gerente à sua equipe, conforme publicado no *New York Post* de outubro de 2006: "Estamos alavancando nossos ativos e estabelecendo alianças estratégicas para criar um vigoroso centro de conhecimento — com uma estrutura comercial voltada para os clientes, usando tecnologias líderes no mercado para maximizar nossos sistemas humanos."

Como é que é? Isso, aparentemente, significa "Somos consultores". Uma pesquisa recente demonstrou que o uso de uma linguagem tão complexa como essa pode produzir um efeito exatamente oposto ao pretendido: como as pessoas têm dificuldade de interpretar a linguagem, a mensagem é considerada menos convincente, e o autor é percebido como menos inteligente.

Lamentavelmente, esses tipos de mensagens são muito frequentes no cotidiano, tanto em comunicações comerciais, avisos de cuidados com a saúde, como em monografias. Por exemplo, um levantamento feito na Stanford University descobriu que 86,4% dos alunos pesquisados admitiram ter usado linguagem complicada em suas monografias para tentar fazer com que os professores os considerassem mais inteligentes. No entanto, mais perturbadora é a descoberta de uma empresa de consultoria com sede no Reino Unido, de que 56% dos empregados achavam que seus gerentes e supervisores não se comunicavam claramente com eles e normalmente usavam uma linguagem incompreensível que tornava

---

* Uma coisa que nós, naturalmente, jamais faríamos.

as mensagens confusas. Uma maneira de evitar esses problemas é compartilhar essas mensagens com colegas não diretamente ligados ao projeto antes de transmitir a mensagem, e ouvir as suas opiniões.

41

Como a rima pode influenciar na sua volta por cima?

"**From Michigan state direct to your plate**" (do estado de Michigan diretamente para seu prato). Que empresa fez essa declaração, e a que ela estava se referindo? Foi um slogan usado pela Heinz Corporation para anunciar seus feijões cozidos. Fundada em 1869 por Henry John Heinz, em Sharpsburg, Pensilvânia, a empresa iniciou suas atividades como fornecedora de condimentos para merceeiros locais, entregando primeiro rábano silvestre, depois picles e por fim catchup, em carroças puxadas por cavalos. Em 1896, Heinz notou um anúncio para "21 estilos de sapatos". Decidiu que seus próprios produtos não tinham estilos, mas variedades, e embora tivesse mais de sessenta alimentos em produção àquela época, ele adotou o slogan "57 Varieties" (57 Variedades), porque gostava dos números 5 e 7. Assim, foi lançada uma nova campanha publicitária. O slogan Heinz 57 Varieties ainda é usado hoje, junto com uma enorme quantidade de outros anúncios memoráveis da Heinz, inclusive o anúncio com rimas para os feijões cozidos.

Lançada nos anos 1960, uma versão tipicamente inglesa deste comercial para a televisão mostrava uma mãe preparando o jantar para seus dois filhos, que chegam em casa de surpresa com um grupo de amigos famintos, e pedem algo como "Mamãe, a Sally, o Robin, o Jeffrey e a Debbie podem ficar para o jantar, por favor?". Depois de um olhar rápido e exasperado, a mãe vai ao armário da cozinha e retira mais latas do feijão cozido Heinz. A música então começa: "A million housewives every day pick up a tin of beans and say Beanz Meanz Heinz" (Um milhão de donas de casa, todos os dias, pegam uma lata de feijão e diz Feijões Só da Heinz).

O impacto dessa campanha publicitária foi considerado tão grande que a Heinz Corporation continuou a veicular esse comercial e os anúncios por mais de três décadas. Na verdade, quando a campanha foi exibida no Reino Unido, um número significativo de pessoas, quando paradas a esmo na rua e solicitadas a terminar a frase "a million housewives every day pick up a tin of beans and say..." diziam, sem hesitação, "Beanz Meanz Heinz".

O que é particularmente fascinante sobre um dos anúncios mais famosos da Heinz é que ele não pretendia informar ao consumidor a respeito de quaisquer atributos ou benefícios em particular do produto. Ele apenas colocava o nome do produto em uma rima. Entre todas as estratégias de propaganda em potencial possíveis de escolher, por que Heinz iria criar uma mensagem que rimava? Pode ser porque anúncios que rimam são mais agradáveis, memorizáveis e facilmente repetidos por outros. Mas será que as afirmações que rimam também são vistas como mais precisas e verdadeiras?

Considerando a difusão de provérbios que rimam, tal como "Birds of a feather flock together" (algo como "Cada qual com seu igual"), os cientistas sociais Matthew McGlone e Jessica Tofighbakhsh decidiram investigar se declarações que rimam são vistas como mais precisas do que as outras declarações. Como uma parte de seu estudo, eles selecionaram uma grande quantidade de provérbios rimados, anteriormente desconhecidos dos participantes, e criaram versões para eles, mas sem rima. Por exemplo, eles selecionaram um provérbio relativamente vago como "Caution and measure will win you treasure" (algo como "Prudência e comedimento valem um tesouro") e o modificaram para "Caution and measure will win you riches" ("Prudência e comedimento valem riquezas"). Em outro exemplo, eles pegaram o ditado "What sobriety conceals, alcohol reveals" ("O que a sobriedade esconde, o álcool revela") e transformaram em "What sobriety conceals, alcohol unmasks" ("O que a sobriedade esconde, o álcool desmascara").

Os participantes então leram alguns desses ditados e classificaram cada um segundo a proporção em que eles refletiam a forma como o mundo realmente funciona. Os pesquisadores descobriram que, embora todos os participantes tenham se apegado à crença de que a rima não representava um indicador de precisão, eles notificaram que as afirmações que rimavam eram mais precisas do que as que não rimavam.

Os pesquisadores explicaram que as frases com rima são caracterizadas por maior fluência de processamento, o que significa que são mentalmente processadas com maior facilidade do que aquelas que não rimam. Como as pessoas tendem a basear as avaliações de precisão, pelo menos parcialmente, na fluência percebida da informação que recebem, afirmações com rimas são julgadas como mais exatas.

Essas descobertas têm muitas aplicações no cotidiano. Em primeiro lugar, elas indicam que quando os profissionais de marketing e operadores de negócios pensam em slogans, lemas, marcas registradas e jingles para empregar, deveriam ser muito bem aconselhados a considerar que o uso de rimas aumentaria não somente a probabilidade de que a mensagem caia no agrado das pessoas, mas também sua veracidade. Talvez esse seja o motivo pelo qual, ao ser perguntado sobre o que uma empresa poderia dizer sobre seu produto quando não houvesse nada de inovador para ser declarado, um publicitário experiente respondeu: "Bem, se não houver nada de novo para dizer sobre o seu produto, então acho que você sempre poderá cantar sobre ele."

Em segundo lugar, os pais poderiam ser aconselhados a tirar vantagem do uso da rima quando encararem um desafio comum e frustrante — fazer seus filhos irem para a cama. Depois de ter desfrutado bons momentos lendo canções de ninar para rimas com eles, talvez fazer com que eles se unam a você em alguns versos do tipo "Já é hora de nanar, não espere ninguém mandar" prove ser uma atitude persuasiva.

Finalmente, o poder da rima também pode ser aplicado em um ambiente jurídico. Na verdade, os autores desta pesquisa observam uma infame rima que parece ser tão poderosa que pode ter pesado na balança da justiça. Durante o julgamento de O.J. Simpson, Johnnie Cochran, advogado de defesa de Simpson, disse aos jurados: "If the gloves don't fit, you must acquit!" ("Se as luvas não servem para Simpson, os senhores devem absolvê-lo"). Considerando a sutil influência da rima, os autores podem estar certos em questionar como o veredicto poderia ter sido afetado se Cochran, em vez disso, tivesse implorado, "If the gloves don't fit, you must find him not guilty!" ("Se as luvas não servem para Simpson, os senhores devem considerá-lo como inocente").

42

O que a prática de colocar pesos nos tacos de beisebol nos fala sobre persuasão?

Os esportes podem ser um útil campo de treinamento para aqueles que desejam se tornar mais persuasivos. Em um jogo de beisebol, por exemplo, é relativamente comum ver jogadores colocarem um anel pesado ao redor de seus tacos antes de iniciarem o aquecimento. De acordo com os jogadores, a movimentação repetida de um taco mais pesado faz com que ele pareça mais leve quando os pesos forem tirados.

O princípio subjacente desse efeito é conhecido nas ciências sociais como contraste perceptual. Em palavras mais simples, as características dos objetos são percebidas não isoladamente, mas em comparação com outras. Por exemplo, se alguém pedir a você para levantar um peso de 10kg em uma academia, ele parecerá mais leve ser você já tiver levantado um peso de 20kg antes, e mais pesado se você já tiver levantado um peso de 5kg. Nada mudou com relação aos 10kg — exceto sua percepção dele. Esse processo psicológico não é limitado ao exemplo dado; é válido para quase todo tipo de julgamento que você possa fazer. Em cada caso, o padrão é o mesmo; o que se experimenta primeiro determina a percepção da próxima coisa que será experimentada.

Os psicólogos sociais Zakary Tormala e Richard Petty recentemente aplicaram esses princípios para mostrar como os efeitos contrastantes podem influenciar a persuasão. Especificamente, observaram como a *quantidade de informação* que as pessoas acham que têm sobre algo pode ser influenciada pela quantidade que aprendem sobre alguma outra coisa. Esses pesquisadores pediram para que as pessoas lessem uma mensagem persuasiva para uma loja fictícia de departamentos chamada Brown's (a "mensagem alvo"), mas só depois de terem lido uma mensagem persuasiva para outra loja, também fictícia, chamada Smith's ("a mensagem anterior"). A mensagem alvo era a mesma para todos os participantes no experimento — ela descrevia três departamentos da Brown's. No entanto, os pesquisadores alteraram a quantidade de informação que a mensagem anterior continha sobre a Smith's, desde uma quantidade comparativamente pequena (um departamento) até uma quantidade grande (seis departamentos). Descobriram que quando a mensagem anterior continha muitas informações, a mensagem alvo era vista como menos persuasiva e produzia menos atitudes favoráveis com relação à loja de departamentos; o oposto ocorria quando a mensagem anterior continha pouca informação. Parece que os participantes sentiam conhecer mais sobre a Brown's depois de terem aprendido relativamente pouco sobre a Smith's e vice-versa. Esse é o efeito do contraste perceptual em ação.

Para ampliar suas descobertas, os pesquisadores conduziram um estudo similar; a única diferença era que, antes de receber informações persuasivas sobre a Brown's, os participantes receberam poucas ou muitas informações persuasivas sobre um carro (o Mini Cooper). Os resultados foram coerentes com o estudo anterior, sugerindo que a informação anterior não precisa nem ao menos ser tão relevante para afetar o impacto persuasivo de uma mensagem subsequente.

Essa ideia pode ser aplicada às vendas. Imagine que sua empresa venda uma linha de produtos, e você esteja confiante de que um produto em particular seria o ideal para um cliente em potencial. Você deverá estar certo de discutir seus méritos mais profundamente depois de ter passado menos tempo falando sobre outro produto. Essa ideia, como já vimos quando se trata de vinho, aplica-se aos preços, também.

O que é interessante notar é que o contraste perceptual nos oferece um meio muito eficiente de persuasão. Nem sempre podemos nos dar o luxo de mudar nossos produtos, serviços ou pedidos — isso seria muito dispendioso e implicaria em muito tempo. Mas podemos mudar aquilo com que nossos produtos, serviços e pedidos são comparados. Vejamos um único exemplo de uma situação real: uma empresa de reforma de imóveis conseguiu aumentar as vendas de uma de suas banheiras de água quente mais caras, para serem instaladas no quintal, em mais de 500% simplesmente (a) dizendo aos clientes em potencial, honestamente, que muito compradores disseram que tê-la era como acrescentar um cômodo extra à casa e então (b) pedindo a eles para considerarem o quanto gastariam para construir uma outra sala ao lado de sua casa. Afinal de contas, um SPA de 7 mil libras esterlinas parece muito menos dispendioso quando comparado com a construção, que custaria pelo menos o dobro desse valor.

43
Como você pode ganhar a dianteira na busca da lealdade?

Quer seja por meio de xícaras de café de graça, ou garantias que valham dinheiro, voos com desconto ou cupons para suas próximas férias, muitas empresas tentam aumentar a fidelidade do cliente oferecendo incentivos. Os resultados de algumas pesquisas recentes oferecem informações sobre como você pode aumentar a probabilidade de que os outros sejam mais leais e interessados no que você tem a oferecer.

Os pesquisadores de compradores Joseph Nunes e Xavier Dreze achavam que clientes envolvidos em programas de incentivo mostrariam mais fidelidade em relação à empresa e alcançariam os resultados mais lucrativos de forma mais rápida se a empresa lhes desse um empurrãozinho — mesmo sem reduzir o número de compras necessárias para atingir a recompensa.

Em um estudo, cartões de fidelidade foram distribuídos para trezentos clientes de um lava-rápido local. Os clientes receberam a informação de que toda vez que levassem seu carro para ser lavado lá, receberiam um selo para colocar no cartão. No entanto, havia dois tipos de cartão. Um determinava que seriam necessários oito selos para receber uma lavagem grátis do carro, e não havia quaisquer selos no cartão. O outro exigia dez selos para se ganhar a mesma coisa, mas dois já estavam afixados. Isso significava que ambos os cartões exigiam oito lavagens para receber a recompensa, mas o segundo grupo parecia ser bem mais atraente.

Subsequentemente, toda vez que uma cliente voltava lá, um empregado afixava um selo no cartão e anotava a data da compra. Depois de vários meses, quando os pesquisadores terminaram o programa e viram as datas, sua hipótese havia sido confirmada: enquanto apenas 19% dos clientes no grupo de oito selos tenham feito visitas suficientes para ter direito à lavagem grátis, 34% dos clientes do grupo de dez selos com dois já colados reivindicaram a recompensa. Além disso, o segundo grupo levou menos tempo para completar sua oitava compra, levando uma vantagem de 2,9 dias entre as idas ao lava-rápido.

De acordo com Nunes e Dreze, retomar um programa que alguém já iniciou, mas está incompleto, em vez de um que ainda não tenha sido iniciado, motiva mais as pessoas a completá-lo. Eles também observaram que quanto mais perto a pessoa estiver de completar uma meta, maior o esforço que ela irá despender para alcançá-la. Em apoio a essa ideia, os dados revelaram que o tempo entre as visitas diminuiu em cerca de meio dia em média, com cada lavagem adicional.

Além da aplicação óbvia dessas descobertas a programas de fidelidade de todos os tipos, os resultados desse estudo sugerem que, ao solicitar a outra pessoa que o ajude com alguma coisa, você deverá tentar observar a ela que já deu alguns passos no sentido do término dessa tarefa. Por exemplo, se precisar de ajuda com um projeto que seja similar a um outro no qual essa pessoa já tenha trabalhado no passado, você pode enfatizar como, em essência, ela já é experiente em superar as complexidades envolvidas na conclusão do projeto. E se não for esse o caso, mas você já tiver adiantado uma boa parte do trabalho, pode salientar como a tarefa já está quase 30% completa.

Como outro exemplo, suponha que você seja gerente de vendas. Sua equipe tem uma meta, mas seus vendedores não estão tendo um bom resultado nos estágios iniciais. Se tiver conhecimento de que uma grande venda processada centralmente já está para ser fechada, em vez de manter a informação para si mesmo, pensando que poderá recorrer a ela, e caso sua equipe não atinja o objetivo, você deve considerar a possibilidade de divulgá-la. Assim, você apresentará um efeito de progressão em direção à meta.

Professores e pais também podem se beneficiar dessa estratégia. Imagine que seu filho esteja sendo particularmente relutante em fazer sua tarefa de casa, e você sinta-se forçado a oferecer incentivos. Se decidir dar a ele um fim de semana sem o dever a cada seis fins de semana em que ele o faça, você pode descobrir que ele se sentiria especialmente motivado a obedecer se você iniciasse com um "crédito" de um fim de semana antes de seu programa começar oficialmente.

A mensagem é clara: as pessoas terão maior probabilidade de aderir a programas e tarefas se você puder oferecer a elas alguma prova de como já se adiantaram no sentido de alcançá-la. Se usar essa estratégia, assim como carros em um lava-rápido, sua influência irá brilhar.

44
O que uma caixa de lápis de cor nos ensina sobre persuasão?

Já se foram os dias em que os nomes das cores eram simples. Qualquer um que abra uma nova caixa de lápis de cor irá notar rapidamente que os velhos nomes comuns (por exemplo, verde, amarelo, azul) foram substituídos por nomes como verde floresta tropical, limão laser e azul oceano profundo. Como é que o nome de uma cor como amido de milho ou razzmatazz pode ajudar você a manter as ações de sua empresa no azul e seus negócios fora do vermelho?

As pesquisadoras Elizabeth Miller e Barbara Kahn notaram esse aspecto com relação aos lápis de cor e a inúmeros outros produtos, e procuraram entender mais profundamente como esses tipos de diferença em nomes influenciam as preferências dos consumidores. Como uma parte de sua pesquisa, elas distinguiram entre quatro categorias de nomes de cores e sabores:

(1) Comuns, que são típicos e não específicos (por exemplo: azul);

(2) Comuns descritivos, que são típicos e específicos (por exemplo: azul celeste);

(3) Inesperados e descritivos, que são atípicos e específicos (por exemplo: verde Caco — o sapo de *Muppet Babies*); e

(4) Ambíguos, que são atípicos e não específicos (por exemplo: laranja do milênio).

As pesquisadoras indicam que os nomes de cores e sabores inesperados e descritivos (3) e ambíguos (4) deveriam trazer à tona sentimentos mais positivos em relação a um determinado produto do que os outros dois tipos (1 e 2). No entanto, esses dois tipos de nomes são efetivos por motivos diferentes. Nomes inesperados e descritivos, como verde Caco, atuam como um tipo de quebra-cabeça a ser solucionado, o que tipicamente faz com que as pessoas considerem mais aspectos dos produtos — particularmente os positivos. Embora a solução desse pequeno quebra-cabeça não possa qualificar clientes como sócios da Mensa*, pode criar um momento "aha!", levando-os a associar emoções positivas ao produto. Nomes ambíguos, como laranja do milênio, levam os consumidores a tentar descobrir, na ausência de qualquer informação significativa, o que os fabricantes do produto estão tentando transmitir com esse nome. Isso também leva os consumidores a pensar nos aspectos positivos que a empresa está tentando realçar com o nome. Miller e Kahn confirmaram suas hipóteses usando uma grande variedade de nomes para sabores de balas recheadas com geleia e para cores de suéteres.

Quais são as implicações para os negócios? Uma resposta poderia ser que as empresas não deveriam se intimidar

---

* Sociedade formada por pessoas de alto Q.I. (*N. da R.*)

em usar nomes menos diretos para certos aspectos de seus produtos.* Mas essa abordagem não funciona apenas para produtos e serviços. Digamos, por exemplo, que você esteja querendo obter recursos de colegas em seu trabalho para que o ajudem em um novo projeto ou uma iniciativa de treinamento. Ao usar o que poderia ser considerado um título ou um nome inesperado, ou mesmo ambicioso, para o projeto, você poderá fomentar um senso de fascínio e atração para ele.

Também podemos colocar as lições dessa pesquisa na prática em casa. Por exemplo, quando seus filhos estiverem em dúvida sobre sair para jantar com os amigos ou comer em casa, sofisticar o rótulo que damos ao prato (por exemplo: "frango surpresa" em vez do velho e conhecido "frango") pode convencê-los a passar a noite em casa. Naturalmente, quando quisermos passar uma noite tranquila em nosso lar, dizer que no jantar será servido "brócolis e couve de bruxelas" é sempre uma opção...

---

* Note que esses nomes não tão diretos ainda devem ser fáceis de ler e pronunciar, conforme mencionado no Capítulo 40.

45

Como você pode embalar sua mensagem para assegurar que ela continue sem parar, sem parar e sem parar?

Quem sou eu? Sou cor-de-rosa. Sou um coelhinho de brinquedo. Tenho um tambor. E sou acionado por uma marca de pilha que dura mais que as da concorrência. Quem sou eu?

Dependendo do país em que você vive, eu sou o Coelho da Energizer ou o da Duracell. Confuso? Você não está sozinho.

Para esclarecer as coisas, e para entender melhor o que essa confusão pode nos dizer sobre persuasão e marketing efetivos, vale a pena conhecer uma pequena lição de história. O primeiro coelho cor-de-rosa acionado por pilhas propenso a ficar tocando seu tambor sem parar na televisão foi o da Duracell. Para ser mais preciso, não era apenas um, mas uma espécie inteira — os Coelhos da Duracell — cuja energia, dizia-se, durava mais do que a de qualquer outra marca de pilhas. Em um comercial, por exemplo, há diversos deles tocando tambores, todos acionados por outra marca de pilhas. Lentamente, cada um deles vai parando de tocar, e somente um — acionado pela Duracell — continua cheio de energia.

No entanto, há mais de 15 anos a Duracell deixou de renovar sua marca registrada nos Estados Unidos, o que permitiu que sua concorrente, a Energizer, aproveitasse a oportunidade para registrar seu próprio coelhinho cor-de-rosa acionado por pilhas alcalinas e afirmasse a superioridade de seus produtos. É por isso que, nos dias de hoje, os telespectadores da televisão norte-americana estão acostumados a ver seus coelhinhos correndo com Energizer, enquanto é Duracell para as pessoas do resto do mundo.

Nos comerciais da Energizer, os telespectadores acham que se trata de outro produto a princípio (por exemplo, unguento Sit-again para hemorroidas), até que o coelhinho interrompe, caminhando pelo quadro com a seguinte narração: "... continua sem parar, sem parar e sem parar... nada dura mais que Energizer." A despeito da aclamação inicial de público e crítica que esses comerciais receberam pela artimanha do coelho ao ter saído de seu ambiente original e entrado em outro comercial, houve apenas um problema: muitas pessoas, mesmo aquelas que adoravam os comerciais, não conseguiam se lembrar de qual era a marca das pilhas que estavam sendo vendidas. Na verdade, uma pesquisa mostrou que, mesmo entre os espectadores que escolheram os comerciais do coelho como os preferidos do ano, surpreendentes 40% tinham certeza de que eram da Duracell. Esse foi o caso, embora existam muitas características que o distingam de sua contraparte com cabeça de cobre, incluindo orelhas maiores, óculos, um tambor maior e o pelo com uma nuance rosa mais brilhante. E não podemos nos esquecer de que, enquanto os coelhos da Duracell precisam caminhar sem parar com as patinhas desprotegidas, o maior da Energizer usa proteção nas patas.

A confusão entre os coelhos das duas empresas certamente desempenhou um papel importante aqui. Mas acontece que mesmo as muitas pessoas que jamais haviam visto os comerciais da Duracell não conseguiram se lembrar da marca que patrocinava esses comerciais mais novos, pensando que era a Duracell. Na verdade, pouco depois da popularização desses comerciais, foi a parcela de mercado da *Duracell* que cresceu, enquanto a da Energizer diminuiu consideravelmente.

Que ação a Energizer deveria ter tomado para evitar esse problema, e que lições podemos aprender com isso? A pesquisa psicológica é clara: colocar um display nas gôndolas das lojas e um lembrete na embalagem de seu produto — por exemplo, uma imagem do Coelho da Energizer com o texto "Continua sem parar, sem parar e sem parar..." — teria funcionado muito mais para corrigir os lapsos de memória dos consumidores, bem como as opções de produto que são baseadas nessas lembranças. E foi exatamente o que a empresa finalmente fez, com grande sucesso.

Qual é a implicação para a propaganda em geral? Cada vez mais, as empresas tentam firmar sua marca por meio de dispendiosas campanhas na mídia que enfatizem os elementos principais de sua marca (por exemplo: durabilidade, qualidade ou economia), por meio de um elemento que resuma tudo isso. As empresas partem do princípio de que os telespectadores farão a conexão de seus produtos com o elemento enquanto exposto nos comerciais, o que é uma suposição razoável desde que os comerciais sejam produzidos adequadamente. Também supõem que os telespectadores recobrarão essa conexão quando estiverem prontos para comprar — e isso é ingenuidade. A memória dos consumidores, sujeita a centenas de milhares dessas associações no curso da vida moderna, não é feita para essa tarefa — pelo menos não sem o auxílio de elementos nos pontos de venda que tragam à tona a conexão desejada. É por esse motivo que qualquer campanha promocional de grande importância precisa integrar imagens, características e slogans essenciais dos comerciais nos displays do produto nas lojas e na embalagem do produto, para que o consumidor veja quando for escolher o que comprar. Embora a mudança no display e na embalagem para combinar com as características centrais da campanha de mídia possa ser mais dispendiosa a curto prazo, ela é essencial.

Essa estratégia não se limita à comercialização de produtos; também pode ser usada para divulgar informações e ideias. Considere, por exemplo, o grande desafio que você enfrentaria se fizesse parte de uma equipe que presta assistência médica, devotada a reduzir o uso abusivo de bebidas alcoólicas em universidades. Mesmo que fosse capaz de criar uma campanha que motivasse os estudantes, como você poderia assegurar que ela permaneceria em suas mentes quando fosse mais necessário, após lerem a mensagem para beber com moderação?

Para dar um exemplo, um tipo de campanha persuasiva que está cada vez mais popular entre administradores de assistências médicas que estão tentando combater o uso abusivo de bebidas alcoólicas entre estudantes, é o chamado "marketing de normas sociais". Pesquisadores descobriram que os estudantes normalmente superestimam a quantidade de bebida que seus parceiros consomem; e sabemos, com base em nossas discussões sobre influência social, que as pessoas tendem a se comportar de acordo com sua percepção das normas sociais. A meta das campanhas de marketing de normas sociais é reduzir a frequência de abuso de bebidas alcoólicas entre estudantes universitários criando conexões com as percepções equivocadas dos estudantes. Por exemplo, um pôster baseado nessa estratégia pode afirmar que uma pesquisa mostra que "65% dos estudantes em nossa universidade tomam quatro drinques ou menos quando estão em grupo". O raciocínio é que dar àqueles que vierem a ler o poster números mais precisos com relação à quantidade de drinques que seus companheiros tomam irá reduzir a ingestão de álcool que eles tomarão quando estiverem em grupo.

Por mais que esses programas mostrem uma esperança, a evidência atual de seu sucesso é confusa. Embora esses pôsteres possam ser muito persuasivos para os estudantes que leem, talvez um dos motivos pelos quais as campanhas não sejam mais eficazes seja porque, quando estão envolvidos em situações com muitas bebidas, os estudantes ou esquecem ou não estão concentrados naquela informação. Por exemplo, pôsteres, placas e outras formas de mídia para transmitir mensagens anti-álcool em campanhas normativas são comumente (e compreensivelmente, de um ponto de vista prático) colocados em bibliotecas, salas de aula, centros acadêmicos, centros de saúde e áreas comuns, como corredores de alojamentos, e não onde a ingestão de bebidas alcoólicas é mais provável de ocorrer. Infelizmente, a falta de conexão entre o lugar em que os estudantes veem a informação e aquele em que estão quando bebem leva a crer que, provavelmente, a voz distante da mensagem será abafada pelos ruídos de garrafas batendo e de gargalhadas de pessoas já alcoolizadas, o que prevalece em bares, clubes, festas e alojamentos.

A pesquisa de auxiliar de memória indica que, se as informações sobre normas sociais fossem colocadas — na forma do logotipo da campanha — em objetos pertencentes aos locais onde o consumo de álcool é exagerado (por exemplo: porta-copos, pulseiras dadas na entrada, carimbos em uma das mãos), os estudantes focariam mais a sua atenção nelas. Alternativamente, o campus poderia distribuir itens que tenham o logotipo da campanha impresso neles, tais como frisbees. Haveria então a probabilidade de que os estudantes os levassem a seus alojamentos ou suas residências, onde teriam maior possibilidade de ver o auxiliar de memória. (Ironicamente, esta estratégia pode ser ainda mais eficaz depois que os estudantes tivessem começado a tomar bebidas alcoólicas, pois algumas pesquisas mostram que mensagens persuasivas simples tendem a ser mais bem-sucedidas quando as pessoas estão bebendo.) Similarmente, algumas comunidades tentaram combater o hábito de dirigir depois da ingestão de bebidas alcoólicas, solicitando aos donos de bar participantes que pusessem nos drinques uma coisa chamada "cubos luminosos", que são diodos emissores de luz envolvidos por plástico, na forma de cubos de gelo. Emitindo flashes de luz vermelha e azul, esses auxiliares de memória normalmente têm o efeito de fazer com que a bebida pareça ter aquelas luzes de viaturas policiais, servindo como uma extensão persuasiva do longo braço da lei.

De modo geral, independentemente de serem para campanhas públicas ou particulares, os auxiliares de memória vão assegurar que sua mensagem não desapareça, mas continue sem parar, sem parar, e sem parar...

46

Que objeto pode persuadir as pessoas a refletirem sobre seus valores?

Espelho, espelho meu, qual é um dos objetos mais persuasivos de todos? Na verdade, espelho, é você mesmo.

Ninguém duvida de que a função principal de um espelho é mostrar como estamos por fora, mas os espelhos também agem como janelas para como nós estamos — e, talvez, mais importante, para como nós *queremos* estar — por dentro. Como resultado, quando nos vemos refletidos, agimos de maneiras mais desejáveis socialmente.

Tomemos, por exemplo, um estudo sobre o Halloween conduzido pelo cientista social Arthur Beaman e seus colegas. Em vez de realizar o estudo em um laboratório universitário ou nas ruas, Beaman converteu temporariamente 18 casas locais em instalações improvisadas de pesquisas. Quando as crianças tocavam a campainha de uma das casas usadas, sugerindo travessuras ou guloseimas, uma assistente de pesquisa as saudava, perguntava seus nomes e então apontava para uma grande tigela de doces sobre uma mesa que estava por perto. Depois de dizer às crianças que cada uma podia pegar *um* dos doces, ela dizia ter um trabalho a fazer e rapidamente saía da sala. Essa era a parte do experimento. E aqui está a travessura: o que as crianças não sabiam, além do fato de serem parte de um estudo engenhosamente planejado, era que alguém as estava observando através de um visor, escondido. Era outro assistente, cuja função era registrar quando alguma criança se comportasse desonestamente, pegando mais de um doce.

Quando os resultados foram compilados, os dados revelaram que mais de um terço das crianças pegou mais do que deveria pegar — 33,7%, para ser exato. Mas os pesquisadores queriam ver se reduziriam o índice através do uso de um espelho. Nesses casos, antes do toque da campainha, a assistente de pesquisa virava um grande espelho na direção da tigela de doces, de tal forma que as crianças tinham de se ver no espelho quando pegassem os doces. O índice de roubo? Somente 8,9%.

Em uma avaliação similar, um de nós conduziu um estudo examinando de que forma forçar as pessoas a se concentrarem em si mesmas e em sua própria imagem, para, assim, fazer com que elas ajam de forma mais coerente com seus valores. Liderados pelo cientista comportamental Carl Kallgren, avaliamos primeiro os sentimentos dos participantes sobre o hábito de jogar lixo no chão no início de um período acadêmico. Posteriormente, ainda no mesmo período, quando os participantes chegavam ao laboratório, metade deles assistia à uma gravação de televisão feita por câmeras em circuito fechado, mostrando sua própria imagem (de tal forma que era quase como se eles se vissem em um espelho). A outra parte via uma imagem de televisão, em circuito fechado, mostrando formas geométricas. Os estudantes foram avisados de que deveriam completar uma tarefa que exigia o monitoramento de seus batimentos cardíacos, o que envolvia colocar um tipo de gel em sua mão. Quando acreditavam que sua parte no estudo havia terminado, uma ajudante de pesquisa entregava a eles um papel toalha para limpar o gel e pedia para que saíssem pela escada. Ficamos olhando para ver se alguém jogaria o papel na escada, a caminho da saída.

O que descobrimos é que quando eles não tinham visto uma imagem de si mesmos antes de terem a oportunidade de jogar o papel no chão, cerca de 46% dos participantes jogaram-no. Mas, entre os que haviam visto, apenas 24% jogaram. Se há uma coisa que esse estudo faz é nos ajudar a responder a pergunta: "Como é que as pessoas que jogam lixo no chão se veem no espelho a cada dia?" A resposta parece ser que elas não fazem isso.

No dia a dia, podemos usar espelhos para persuadir outras pessoas, de forma extremamente sutil, a se comportarem de formas mais socialmente desejáveis. Além de nos dizer como arrumar nossas guloseimas de Halloween, essa pesquisa indica que espelhos cuidadosamente colocados podem incentivar as crianças a agirem de maneira mais gentil umas com as outras. Além disso, um gerente que tenha passado pela experiência de um roubo por parte de um empregado — no estoque, por exemplo — poderá descobrir que os espelhos fazem maravilhas na redução do índice de roubos. Nesse caso, agem como uma boa alternativa à vigilância através das câmeras de vídeo, que não só é dispendiosa, como envia um sinal aos empregados de que não são confiáveis — uma perspectiva que, na verdade, pode resultar em mais roubos por parte deles, e não em uma redução.

Se acrescentar espelhos em um local específico não for prático, existem duas outras possibilidades que produzem efeitos semelhantes. Primeiro, o psicólogo social Ed Diener e seus colegas descobriram que perguntar os nomes das pessoas pode ter um efeito similar. Isso significa que pedir tanto a crianças quanto a empregados para que usem crachás com seus nomes pode estabelecer os alicerces para um comportamento mais desejável. Uma pesquisa recente realizada pela cientista Melissa Bateson e seus colegas sugere que a colocação de uma simples foto de olhos na parede também podem surtir o mesmo efeito. Por exemplo, em um estudo, os pesquisadores acrescentaram uma foto em uma área de convívio onde membros de uma equipe devem colocar certa quantia de dinheiro em um jarro para consumir café ou chá. Mas os avisos mudavam a cada semana: uma semana, a foto era de flores, na semana seguinte, olhos, então um arranjo diferente de flores, então um novo par de olhos, e assim por diante. Os resultados mostraram que as pessoas que tomavam café e chá pagavam 2,5 vezes mais por seu consumo quando o aviso era acompanhado por uma foto de um par de olhos do que quando viam uma foto de flores.

Em resumo, quer sejam os seus ou os de outra pessoa, não custa nada ter mais um par de olhos controlando a situação.

47
Seu mau humor prejudica suas negociações?

Em um episódio da série de enorme sucesso na televisão, *Sex and the City*, a personagem principal, Carrie Bradshaw, está caminhando por uma rua de Nova York com sua amiga íntima Samantha Jones, que está dizendo à Carrie por que tem se sentido tão triste ultimamente. Em um ponto da conversa, Samantha, que vinha mancando o tempo todo, exclama, "Ai!". Em resposta, uma compreensiva Carrie pergunta: "Querida, se dói tanto, por que estamos indo às compras?" Samantha responde: "Meu tornozelo está quebrado, não meu espírito."

A cada ano, milhões de nós, quando nos sentimos deprimidos, procuramos aliviar nossa tristeza através das compras. Um estudo recente, conduzido pela cientista social Jennifer Lerner e suas colegas, investigou como emoções, tais como a tristeza, podem afetar profundamente os comportamentos de compra e venda, e forneceu algumas noções interessantes sobre esse fenômeno.

As pesquisadoras levantaram a hipótese de que a experiência da tristeza motiva as pessoas a alterar suas circunstâncias, o que poderia ajudá-las a mudar seu humor. Supuseram também que essa motivação afetaria compradores e vendedores de formas diferentes: compradores tristes estariam dispostos a pagar mais caro por um determinado item do que os neutros; os vendedores poderiam abrir mão do mesmo item por um preço mais baixo do que os neutros.

Em um experimento projetado para testar essas ideias, as pesquisadoras induziram tristeza ou nenhuma emoção em seus participantes fazendo com que vissem um entre dois trechos de filmes. Aqueles designados à condição de tristeza viram um trecho do filme *O campeão*, que mostrava a morte do mentor de um menino. Após isso, deviam escrever um curto parágrafo sobre como se sentiriam na mesma situação. As pessoas designadas à condição de nenhuma emoção viram um trecho de um filme emocionalmente neutro, mostrando peixes; então, escreveram sobre suas atividades do dia a dia. Posteriormente, todos os participantes foram informados de que fariam parte de um segundo estudo, sem qualquer relação com o primeiro. Metade deles recebeu um conjunto de pincéis atômicos e foram instruídos a estabelecer um preço pelo qual os venderia; a outra metade recebeu a incumbência de estabelecer um preço pelo qual os compraria.

Os resultados confirmaram as assertivas de Lerner. Os compradores tristes estavam dispostos a dar cerca de 30% a *mais* que os emocionalmente neutros. E os vendedores tristes abririam mão do item por cerca de 33% a *menos* do que seus contrapartes emocionalmente neutros. Além disso, as pesquisadoras descobriram que o transporte da emoção do filme até suas decisões econômicas ocorreu completamente alheio ao conhecimento das pessoas — elas não faziam ideia de que haviam sido tão profundamente afetadas por esses sentimentos residuais de tristeza.

Até que ponto esta pesquisa é relevante para você? É extremamente importante reconhecer em que estado emocional você está antes de tomar uma decisão importante, iniciar uma negociação crucial ou mesmo responder um e-mail desagradável. Por exemplo, suponha que você tenha a tarefa de negociar os termos financeiros de seu contrato com um colaborador. Se acabou de passar por uma experiência emocional, embora possa pensar que sua capacidade de tomar decisões não tenha sido afetada, você deve considerar o adiamento do processo de negociação. Assim terá tempo para que aquelas emoções sejam abrandadas, permitindo que você faça escolhas mais racionais.

De modo geral, qualquer que seja a situação de seus sentimentos, seria uma boa prática em qualquer circunstância em que seja necessária uma resolução que envolva altos valores, permitir a passagem de algum tempo para que você possa se recompor. Frequentemente, as pessoas programam reuniões consecutivas por questão de conveniência. No entanto, ao fazer um curto intervalo entre as reuniões, você reduzirá a probabilidade de que os sentimentos gerados por uma reunião carregada de emoção sejam transportados para a próxima — especialmente se a segunda reunião envolver tomada de decisões importantes.

O mesmo se aplica às decisões que você venha a tomar em casa. Você pode considerar a compra de algum móvel novo, um novo eletrodoméstico, alguma reforma em sua casa ou até mesmo uma nova casa. Ou pode estabelecer preços nos itens que planeja vender online. Nessas situações, é sempre prudente ficar com um pé atrás, examinar como você está se sentindo e protelar essa atividade até sentir-se emocionalmente neutro.

Finalmente, aqueles que buscam influenciar as decisões de outras pessoas também deverão estar cientes da importância do estado de espírito. Naturalmente, seria ao mesmo tempo insensato e errado tentar persuadir alguém que tenha ficado entristecido por uma informação — ou, ainda pior, trazer à tona algum tópico que deixe a outra pessoa de mau humor (por exemplo: "Olhe, acabei de saber de uma notícia triste sobre seu cachorro. Aliás, este é o preço que posso oferecer por nosso negócio"). Tais decisões com frequência geram arrependimentos e pouco fazem para o estabelecimento de relacionamentos no longo prazo. Na verdade, ao sugerir um adiamento nas negociações com alguém que tenha acabado de ter uma experiência emocional negativa, você reforçará seu relacionamento fazendo com que pareça nobre, preocupado e compreensivo, características inestimáveis de alguém que deseja ser mais persuasivo.

48
Como a emoção pode desencadear a persuasão?

Em 2002, a eclosão da Síndrome Respiratória Aguda Severa (mais conhecida como SARS, do inglês Severe Acute Respiratory Syndrome) na Ásia causou pânico generalizado e reduziu a níveis baixíssimos as viagens àquela região. Esse foi o caso, embora a probabilidade de alguém se contaminar com SARS, ou mesmo morrer por causa do vírus, fosse extremamente pequena. Mas o que a reação das pessoas nesse caso nos ensina sobre de que forma questões emocionalmente carregadas interferem nas nossas tomadas de decisões e afetam as formas com que somos influenciados por outras pessoas?

Os cientistas pesquisadores Christopher Hsee e Yuval Rottenstreich afirmaram que o julgamento das pessoas e suas habilidades de tomar decisões podem ser prejudicados por um evento como a eclosão da SARS; não porque induza sentimentos negativos, mas por ser uma questão com grande carga emocional, independentemente da natureza dos sentimentos que são produzidos. Especificamente, os cientistas argumentam que as emoções levam as pessoas a ficarem menos sensíveis às diferenças na *magnitude dos números*; é mais provável que elas prestem atenção à simples *presença ou ausência* de um evento. Em termos comerciais, há uma probabilidade maior de as pessoas prestarem atenção à simples presença ou ausência de uma oferta carregada emocionalmente do que aos números específicos envolvidos.

Para testar essa ideia, os pesquisadores solicitaram a participantes que passassem um breve período de tempo pensando sobre algumas questões, emocionalmente ou não. Pouco depois, solicitaram a essas pessoas que imaginassem alguém que conheciam vendendo uma coleção de CDs da Madonna. Metade dos participantes recebeu a informação de que havia cinco CDs, enquanto que para a outra parte foi dito que havia dez. Perguntaram então aos participantes qual seria a quantia máxima que estariam dispostos a pagar pela coleção.

Os pesquisadores descobriram que as pessoas que anteriormente haviam praticado pensar de maneira não emocional estavam dispostas a pagar mais pela coleção de dez CDs do que pela de cinco, o que é perfeitamente racional. O mais interessante, contudo, é que aquelas pessoas que antes haviam praticado emocionalmente mostraram-se menos sensíveis à diferença no número de CDs, informando que pagariam aproximadamente o mesmo por uma ou outra coleção.

Os resultados desta pesquisa indicam que a experiência emocional pode ter um impacto prejudicial na tomada de decisão, talvez permitindo que você seja persuadido por uma oferta quando não deveria ser. Suponha que você esteja negociando matérias-primas com um fornecedor, e que haja uma diferença de 10 mil dólares entre o valor em dinheiro que você está oferecendo e a quantidade de produtos que o fornecedor está disposto e lhe oferecer por aquela quantia.

Reconhecendo essa disparidade, mas sem desejar oferecer mais pelo valor proposto por você, ele pode propor a inclusão de cinquenta unidades de um produto inteiramente novo que poderia deixar você muito emocionado. Embora possa ser o caso de que cem unidades, e não cinquenta, tenham o valor aproximado de 10 mil dólares, essa pesquisa nos ensina que ofertas carregadas de emoção como essa poderiam potencialmente levar o comprador a superestimar o valor das cinquenta unidades e, assim, tomar uma decisão inadequada e desvantajosa.

Como podemos evitar que esses fatores nos influenciem? As descobertas a partir desses experimentos indicam que fazer uma coisa tão simples quanto se concentrar nos números, antes da negociação, poderia ajudar você a restaurar sua habilidade de diferenciá-los. Remova as emoções que podem turvar a sua atenção, e você será capaz de negociar com base em informações factuais e pertinentes, sendo capaz de tomar a melhor decisão possível.

49

O que pode fazer com que as pessoas acreditem em tudo que leem?

Um ex-prisioneiro político chinês descreveu, certa vez, suas experiências quando alvo de lavagem cerebral: "Você se sente aniquilado, exausto, não consegue se controlar ou lembrar o que disse dois minutos antes. Sente que tudo está perdido. A partir daquele momento, o juiz é seu verdadeiro mestre e senhor. Você aceita *qualquer coisa* que ele diga."

A que técnica ele estava se referindo, e o que isso pode nos dizer sobre os fatores que permitem que outros consigam nos persuadir?

Embora o ex-prisioneiro tenha, provavelmente, sido vítima de diversas táticas empregadas durante a reforma, a estratégia à qual ele estava se referindo foi a privação do sono. Naturalmente, não deveria ser surpresa que tendemos a ter um desempenho geral melhor após uma boa noite de sono. Todos nós sabemos, com base na experiência, que quando estamos bem descansados, nossa concentração fica mais aguçada, sentimo-nos mais alertas e conseguimos nos comunicar mais expressivamente. Porém, o trabalho realizado pelo psicólogo social Daniel Gilbert traz uma noção que é menos óbvia, mas completamente coerente com as experiências do prisioneiro político: podemos ser mais suscetíveis às táticas de influência enganosa quando estamos cansados. Em uma série de estudos, Gilbert obteve provas que apoiam a hipótese de que, ao ouvir outra pessoa fazer uma declaração, o receptor da mensagem imediatamente a aceita como verdadeira, independentemente de ser verdade ou não. Somente com esforço mental que, uma fração de segundo mais tarde, o ouvinte reconhece que uma afirmativa é falsa, e então a rejeita.

Quando há muita coisa em jogo, as pessoas normalmente têm recursos cognitivos e motivação suficientes para rejeitar declarações que soem falsas. Mas quando estão cansadas, há a probabilidade de que estejam em um estado mais intenso de credulidade, em função da energia cognitiva e da motivação reduzidas que a exaustão produz. De acordo com as descobertas de Gilbert, a consequência é que o processo de compreensão da mensagem é desligado antes que o estágio da rejeição sequer tenha uma chance de ocorrer, fazendo com que haja maior probabilidade de que as pessoas nessa situação acreditem em argumentos fracos ou nas falsidades explícitas de outras. Por exemplo, um gerente solicitando propostas para um grande contrato de distribuição teria menos probabilidade de questionar uma afirmação inverossímil feita por um distribuidor em potencial, como, digamos, "Nossos sistemas de distribuição são os melhores no mundo todo", quando estiver trabalhando após dormir pouco. Por outro lado, seria mais provável que ele ou ela entendesse essa afirmação pela aparência.

Não são apenas a privação do sono e o cansaço que podem fazer com que sejamos mais facilmente persuadidos. Estudos também demonstram que a distração tem um efeito similar na suscetibilidade das pessoas a serem influenciadas, mesmo que essa distração seja apenas momentânea. Por exemplo, uma pesquisa conduzida por Barbara Davis e Eric Knowles descobriu que os proprietários de casas tinham uma probabilidade duas vezes maior de comprar cartões de Natal de um vendedor que passasse de porta em porta quando esse os distraía anunciando, inesperadamente, o preço em centavos — e não em dólares, o que seria mais usual — antes de afirmar "É uma pechincha!". Seus estudos também mostram que não foi simplesmente a declaração do preço em centavos que aumentou o índice das vendas: o índice de aceitação do argumento de vendas foi mais alto do que o do apelo padrão apenas quando o preço foi seguido pela afirmação persuasiva "É uma pechincha!". As descobertas revelam que é durante esse instante de distração momentânea que o vendedor pode incluir uma declaração persuasiva de maneira imperceptível.

Em outro estudo, conduzido pela mesma equipe, as pessoas que caminhavam diante de um outdoor que anunciava a venda de bolos tinham maior probabilidade de comprar um bolinho quando os vendedores referiam-se a eles como "metade de um bolo", e não como "bolinhos", mas somente quando essa oferta era seguida por "São deliciosos!".

O que esses estudos dizem sobre não sucumbir aos fatores que nos deixam mais facilmente persuadíveis? O conselho óbvio é dormir mais. Naturalmente, todos nós gostaríamos de passar mais tempo dormindo, e concordamos que isso é mais fácil de falar do que de fazer. No entanto, se você se sentir particularmente distraído ou estiver privado de boas horas de sono, tente afastar-se de programas como os informerciais, que, frequentemente, fazem afirmações dúbias. Se não fizer isso, você pode acabar se convencendo de que realmente precisa de uma bicicleta ergométrica que faz pipocas enquanto você pedala. Em vez disso, procure tomar decisões importantes, que dependam de julgamentos da veracidade das afirmações de outras pessoas, apenas quando se sentir totalmente desperto.

Em seguida, se você receber uma incumbência — digamos, por exemplo, que seja a escolha de um novo fornecedor —, é bom ter consciência de que será maior a probabilidade de que você acredite no que lê em um site da internet ou em uma proposta formal se também estiver distraído, por exemplo, falando ao telefone. Maior será sua capacidade de fazer avaliações mais precisas das declarações de outras pessoas e será, de modo geral, mais resistente às táticas enganosas de persuasão, se reduzir ao mínimo suas distrações. Você poderá, por exemplo, ter um "espaço de decisão" pessoal no trabalho ou em casa, que seja livre de distrações e de barulho ambiente, para que possa se concentrar na tarefa que tem em mãos. Para evitar ser primeiro enganado (por uma pessoa hipócrita que irá persuadir você) e então ser demitido (pela insatisfação de sua empresa), é uma boa ideia reduzir tarefas múltiplas quando houver muita coisa em jogo.

50

Os laboratórios "trimetil" estão impulsionando sua influência?

Urina na cama, boca seca e até mesmo pernas inquietas. Nos dias de hoje, aparentemente, existe remédio para tudo que exista sob o sol. No entanto, você pode ficar surpreso em saber que há uma droga chamada 1,3,7-trimetilxantina, tomá-la pode fazer você ficar mais propenso a ser persuadido, e mais persuasivo se a der às outras pessoas. Mais chocante ainda talvez seja o fato de que essa droga é bastante disponível atualmente através dos chamados "laboratórios trimetil", que estão se multiplicando pelas vizinhanças em todos os lugares.

A droga é mais comumente conhecida como cafeína, e esses laboratórios "trimetil" são mais conhecidos como cafeteria. Só a Starbucks Corp. tem mais de 9 mil filiais em 38 países, embora tenhamos dúvida se o presidente Howard Schultz sequer tenha sonhado que as bebidas que tornaria disponíveis em cada esquina e em cada shopping pudessem ser uma ferramenta potencial de persuasão. Todos nós já ouvimos — e muitos experimentamos — falar em como a cafeína pode fazer com que nos sintamos mais alertas, mas como é que ela pode nos deixar mais persuasivos?

Para investigar a questão, a cientista Pearl Martin e seus colegas pediram primeiramente a todos os seus participantes que tomassem um produto que parecia suco de laranja. Como um adolescente travesso que acrescenta o conteúdo de seu frasco no ponche no baile da escola, os pesquisadores "batizaram" o suco de laranja antes de servi-lo à metade das pessoas que participaram da pesquisa. No entanto, em vez de transformar o suco de laranja em uma bebida alcoólica, acrescentaram cafeína — aproximadamente a quantidade que podemos encontrar em duas xícaras de café expresso.

Pouco depois de tomarem o suco, todos os participantes leram uma série de mensagens que continham argumentos muito bons para certa posição em uma questão polêmica. Aqueles que haviam consumido a bebida com cafeína antes mostraram-se 35% mais favoravelmente dispostos a aceitar aquela posição do que os outros.

Isso significa que você poderia entrar na cafeteria mais próxima, em seu horário de almoço, e vender algo a qualquer um dos clientes dali? Dificilmente. Em um segundo estudo, os pesquisadores também testaram o efeito da cafeína quando os participantes leram mensagens que tinham argumentos fracos. Os resultados mostraram que, sob essas circunstâncias, a cafeína tem pouca força persuasiva.

Essas descobertas têm implicações sobre a forma com que você faz apresentações, inclusive para clientes em potencial ou colegas de trabalho. Por exemplo, você deve considerar o momento do dia em que escolhe apresentar suas informações. Digamos que você deva fazer uma apresentação de vendas a um novo cliente. Apresentar suas argumentações imediatamente após o almoço ou no fim do dia não seria aconselhável. Um bom momento para fazer sua apresentação seria no início do dia, porque é quando os clientes possivelmente acabaram de tomar seu café da manhã. Mesmo que você não possa escolher a hora, ter xícaras de café ou de bebidas cafeinadas à mão, poderá fazer com que seu público-alvo seja mais receptivo à sua mensagem — desde que, como a pesquisa indica, seus argumentos sejam bem fundamentados. E, naturalmente, eles serão!

Sim!
A influência no século XXI

Quando entramos no século XXI, nossas negociações com outros, dentro e fora de nossas empresas, mudaram em dois pontos fundamentais que afetam a forma com que persuadimos os outros. Primeiro, o uso difundido da internet na vida doméstica e em quase todos os domínios dos negócios causou uma grande mudança na forma como nos comunicamos com outras pessoas em nosso cotidiano. Segundo, temos mais probabilidade do que nunca de encontrar pessoas, em nossos ambientes de trabalho e em nossas interações comerciais, que são provenientes de culturas diferentes da nossa. As mais recentes pesquisas relativas a essas rápidas transformações darão a você mais informações incalculáveis sobre a ciência da persuasão.

A influência das comunicações eletrônicas

Assim como qualquer outra empresa de comunicações, a US Cellular, uma grande portadora de sistema de comunicação sem fio, sediada no Meio-Oeste dos Estados Unidos, depende quase que inteiramente da tecnologia, que funciona como uma espinha dorsal de seus negócios. É por isso que um programa de ação desenvolvido pela empresa há alguns anos parece muito irônico, se não completamente desprovido de sentido; mais de 5 mil empregados receberam um comunicado segundo o qual não poderiam mais comunicar-se entre si via e-mail nas sextas-feiras.

Como isso pode ser possível? Em uma época em que todos nós somos tão dependentes das transmissões eletrônicas para nos comunicarmos de forma rápida, efetiva e precisa com nossos colegas de trabalho, proibir os e-mails é quase como proibir o uso de calculadoras em favor de nossos dedos e artelhos. Por que Jay Ellison, vice-presidente executivo da US Cellular, tomaria tal decisão? Seria talvez um plano abominável, engendrado pela alta administração, para forçar os empregados a aumentarem suas contas de celulares pessoais, aumentando, em consequência, os lucros a curto prazo para a empresa?

Acontece que, depois de ter sido bombardeado com mais e-mails do que poderia abrir, todos os dias, Ellison começou a sentir que o interminável fluxo de comunicações eletrônicas, impessoais, poderia estar prejudicando o trabalho em equipe e a produtividade em geral, em vez de melhorá-los. De acordo com um relatório da ABCNews.com, seu memorando disse aos empregados: "Saiam para conversar pessoalmente com suas equipes. Peguem o telefone e liguem para alguém... espero não receber comunicados de nenhum de vocês, mas podem vir ao meu escritório sempre que quiserem."

O relatório continuou descrevendo algumas das dramáticas consequências que resultaram da nova prática. Por exemplo, dois colegas de trabalho que anteriormente se relacionavam apenas por e-mails foram forçados a conversar pelo telefone. Ao fazerem isso, os dois ficaram surpresos ao saber que, na verdade, não estavam em pontos distantes do país, mas separados por apenas uma parede! Essa descoberta levou a encontros frente a frente, o que intensificou ainda mais seu relacionamento.

Embora, sem dúvida, tenha demorado algum tempo para que os empregados se acostumassem, o consenso na US Cellular hoje é que a chamada "política das sextas-feiras sem e-mails" tem sido um retumbante sucesso, e serve como um importante lembrete a respeito do papel que as interações pessoais têm de reforçar nossos relacionamentos. Mas o caso ilustra primordialmente o impacto das interações eletrônicas nos relacionamentos no local de trabalho. Até que ponto as interações eletrônicas afetam nosso poder de persuadir?

Por exemplo, até que ponto um processo como uma negociação poderia ser afetado, dependendo de ser feito online ou frente a frente? Já se foram os dias em que as negociações eram conduzidas exclusivamente ao telefone ou pessoalmente. Hoje, um número cada vez maior desse tipo de interação é conduzido online, desde o estabelecimento de termos importantes para um contrato de muitos bilhões de dólares até o recheio da pizza para a festa do escritório.

Embora a internet tenha sido mencionada sempre como a super-rodovia das informações, será que a falta de contato pessoal entre as partes em uma negociação poderia ser considerada mais como um bloqueio da estrada do que uma rota para resultados bem-sucedidos? Para testar essa hipótese, o cientista social Michael Morris e seus colegas conduziram um experimento em que estudantes de MBA se comprometeram em fazer negociações frente a frente ou via e-mail. Os pesquisadores descobriram que, quando eram feitas via e-mail, era menos provável que houvesse uma troca de informações pessoais que tipicamente ajuda a estabelecer melhores relacionamentos, o que poderia, em última análise, levar a resultados menos satisfatórios.

O pesquisador comportamental Don Moore e seus colegas acharam que poderiam ter uma solução extremamente simples para esse problema não tão simples potencialmente: e se, antes da negociação, os negociadores se dedicassem a alguma forma de autorrevelação mútua? Em outras palavras, eles poderiam vir a conhecer um pouco sobre suas experiências, além de baterem um papo descontraído pela internet, durante alguns minutos, sobre tópicos não relacionados com a negociação. Para testar essa ideia, os pesquisadores dividiram, em pares, estudantes matriculados em duas escolas de Administração de Empresas de alto nível, e pediram-lhes que negociassem um acordo via e-mail. Enquanto metade simplesmente recebe as instruções para negociar, a outra metade recebeu fotos do parceiro da negociação, algumas rápidas informações biográficas sobre ele (por exemplo, colégio em que estudou, interesses) e instruções para aproveitar algum tempo antes da negociação procurando um conhecimento mútuo através de e-mails.

Os resultados do experimento revelaram que, quando os participantes não receberam qualquer informação adicional, 29% dos pares não conseguiram chegar a um acordo. No entanto, somente 6% dos pares mais "pessoais" chegaram a um impasse. Usando outra medida de sucesso, os pesquisadores descobriram também que quando os pares envolvidos no experimento eram capazes de chegar a uma solução agradável para ambos, o resultado conjunto do acordo — ou seja, a soma do que cada participante conseguiu — foi 18% mais elevado nos grupos "pessoais", em comparação com o outro grupo. Assim, aproveitando algum tempo para aprender alguma coisa particular sobre a pessoa com quem você está negociando, e revelar alguns fatos pessoais sobre você mesmo, aumentará as probabilidades de que você possa aumentar o tamanho da torta para que os dois compartilhem.

Esses experimentos nos dizem alguma coisa sobre o papel das comunicações eletrônicas nas negociações, mas o que sabemos sobre a persuasão direta, em que um comunicador tenta mudar a opinião de outra pessoa sobre uma ideia ou um tópico em particular? Em um experimento que um de nós conduziu, sob a orientação da pesquisadora Rosanna Guadagno, tentamos abordar essa questão. Os participantes receberam a instrução de que iriam discutir questões do campus em uma entrevista com outra pessoa, e que isso seria feito frente a frente ou via e-mail. Sem que os participantes soubessem, o entrevistado era, na verdade, um assistente da pesquisa, disfarçado. Usando um roteiro com argumentos previamente determinados, o assistente tentava persuadir o participante de que a universidade deveria institucionalizar uma norma abrangente de exame. Isso significava que os formandos não poderiam receber seus diplomas, a menos que fossem submetidos a um exame longo e difícil para avaliar seus conhecimentos sobre uma ampla gama de tópicos. Devemos ressaltar que é difícil encontrar a questão sobre a qual mais universitários concordem. Perguntar a estudantes, com exceção do CDF da vez, se concordam com a exigência de exames abrangentes para quem já se formou é como perguntar se eles são favoráveis à idade mínima de 25 anos para tomar bebidas alcoólicas. No entanto, inicialmente, embora os estudantes tendam a ser quase universalmente contrários a exames abrangentes, eles e elas podem, mesmo assim, ser convencidos a isso. Mas será que faz alguma diferença o fato de tais mensagens persuasivas serem dadas pessoalmente ou por e-mail?

A resposta depende do sexo da pessoa envolvida. Como as mulheres são, de modo geral, mais orientadas no sentido de ter relacionamentos íntimos com pessoas do mesmo sexo, e os encontros frente a frente facilitam esse processo, pressupomos que, quando interagissem com parceiras, iriam sentir-se mais persuadidas quando negociassem frente a frente do que via e-mail, enquanto a forma de comunicação não faria qualquer diferença para os homens. E foi basicamente isso que descobrimos: as mulheres foram mais persuadidas quando pessoalmente, mas os homens alcançavam o mesmo índice, independentemente do meio de comunicação. Infelizmente, não examinamos essas diferenças em pares de sexos opostos, mas ainda bem que não o fizemos, pois a persuasão entre esse conjunto de pessoas seria um tópico para um tipo completamente diferente de livro!

Até aqui, já discutimos como certos aspectos da comunicação online podem agir como um bloqueio, impedindo a formação e a manutenção de relacionamentos pessoais. Mas as comunicações eletrônicas podem ser prejudiciais ao ato de persuadir por um motivo diferente: há uma probabilidade maior de haver uma interpretação equivocada do que foi falado. E, lamentavelmente, todos os argumentos fortes e as estratégias eficazes de persuasão do mundo não vão lhe fazer nenhum bem se a pessoa que recebe sua mensagem interpretá-la mal, não entender suas intenções por trás ou, pior, as duas coisas.

Uma pesquisa conduzida pelo cientista comportamental Justin Kruger e seus colegas ajuda a explicar por que os erros de interpretação de e-mails são tão comuns. Eles afirmam que a entonação da voz e os gestos — insinuações não verbais que são ausentes pela internet — agem normalmente como indicadores importantes do verdadeiro significado da comunicação quando o teor da mensagem é, de certa forma, ambíguo. Por exemplo, em resposta a uma mensagem que trate de contratos de colaboradores, você poderá escrever: "Essa é uma prioridade real." Embora possa estar se expressando de forma completamente séria, é possível que seu colega interprete isso como sarcasmo, considerando que você pode já ter tido uma posição contrária a essa em semelhantes situações no passado. Naturalmente, se tivesse dito a mesma coisa pessoalmente, a sua entonação, sua expressão facial e sua linguagem corporal teriam deixado claro que você estava falando sério. Esse fato isolado é suficiente para fazer com que as comunicações via e-mail sejam problemáticas. Mas o que Kruger e seus colegas argumentam, e que justifica esse tipo de comunicação ser ainda mais perigoso, é que as pessoas que transmitem essas mensagens ignoram quase completamente que elas podem ser mal entendidas. Como os remetentes têm total acesso às próprias intenções ao escreverem suas mensagens, frequentemente partem do princípio de que os destinatários também terão.

Os pesquisadores realizaram um grande número de experimentos para testar essas hipóteses. Em um deles, os participantes foram agrupados em pares, e cada um recebeu a incumbência de transmitir ou receber diversas mensagens. A função do comunicador era gerar diversas afirmações que transmitiriam claramente ao destinatário uma das seguintes emoções: sarcasmo, seriedade, raiva ou tristeza. Os participantes também tiveram que, aleatoriamente, usar um entre três meios de comunicação: e-mail, voz ou frente a frente. Depois de feita cada afirmação, o destinatário tentava imaginar o seu tom intencional. Além disso, antes da tarefa, os comunicadores relataram se achavam que o destinarário iria ou não imaginar corretamente.

Os resultados do estudo demonstraram claramente que, embora os comunicadores de todos os grupos experimentais tenham superestimado a extensão em que os destinatários da mensagem interpretariam corretamente seu tom, a diferença foi maior no grupo dos e-mails. Independentemente do grupo experimental, os comunicadores anteciparam que o destinatário interpretaria o tom corretamente em cerca de 89% das vezes. No entanto, embora as pessoas nos grupos de voz e frente a frente tenham demonstrado precisão em cerca de 74% das vezes, aquelas no grupo de e-mails acertaram em apenas cerca de 63%. Esses resultados parecem indicar que com as comunicações escritas, em geral pelo fato de que o destinatário não pode ouvir as entonações de quem a envia, é mais difícil interpretar a mensagem.

Você pode estar pensando com seus botões que essas descobertas não são surpreendentes, considerando-se que esse tipo de experimento quase sempre envolve estranhos que não tinham qualquer contato entre si. É fato que amigos íntimos seriam mais precisos ao interpretar o tom de um e-mail trocado? Os pesquisadores também achavam que sim. Surpreendentemente, o padrão dos dados parece exatamente o mesmo. O fato de as comunicações escritas não poderem ser totalmente decifradas, nem mesmo por aquelas pessoas com as quais temos uma amizade íntima, indica que seus bons amigos estão errados quando afirmam que podem ler você como se fosse um livro — a menos, é claro, que estejam te recebendo em formato de audiobook ou de versão feita para a TV.

Então, o que um comunicador deve fazer sobre esse perigo? Talvez você possa usar "emoticons", aquelas carinhas que têm o objetivo de transmitir emoções de maneira divertida (por exemplo: ":-()". No entanto, conforme vimos nesse exemplo, os emoticons também podem se misturar com o resto da mensagem ou ficar confusos de outras formas, resultando em mais falta de clareza. Que tal eliminar os e-mails completamente, escolhendo comunicar-se apenas via telefone ou frente a frente? Isso poderia funcionar uma vez por semana, como na US Cellular, mas nem sempre temos tempo ou habilidade para nos dedicarmos a esses tipos de interações.

Para uma solução em potencial, vamos voltar a uma das explicações psicológicas centrais por trás dessas falhas de comunicação. Como aludimos anteriormente, as pessoas que iniciam o ato comunicativo estão em posição de saber precisamente que mensagem desejam comunicar, mas não se mostram naturalmente inclinadas a adotar a perspectiva da pessoa que a recebe. Com base nesse raciocínio, os pesquisadores conduziram outro experimento para ver se poderiam eliminar o excesso de confiança dos remetentes, ao acharem que suas mensagens serão entendidas exatamente da forma que desejam. É similar ao experimento de adivinhar a entonação, descrito anteriormente, mas com algumas variações. Primeiro, todos os participantes comunicaram-se entre si somente via e-mail. Em seguida, alguns participantes receberam instruções planejadas para fazer com que considerassem como suas afirmações poderiam ser mal-interpretadas. Os pesquisadores descobriram que esse grupo de participantes aumentou sua precisão em prever se suas mensagens seriam entendidas conforme suas intenções.

Assim, baseado nas descobertas desse experimento, como podemos nos tornar comunicadores eletrônicos mais eficazes e, portanto, aumentar nossas aptidões para persuasão online? Antes de enviarmos e-mails para outras pessoas sobre qualquer assunto importarnte, seria aconselhável parar um momento para ler toda a mensagem, observando atentamente como certos aspectos poderiam potencialmente ser interpretados diferentemente pela pessoa que irá recebê-la, para que possa mudar a mensagem a fim de esclarecer o que você quer de fato dizer. Em outras palavras, assim como você pode usar o corretor de texto ou gramatical para melhorar a clareza de sua mensagem, antes de clicar sem poder voltar atrás no botão "enviar", olhar em perspectiva pode fazer com que sua mensagem seja melhor entendida. Se você estiver lendo isto, Bill Gates, é tarde demais — já estamos providenciando as patentes.

Finalmente, devemos observar que, mesmo que os destinatários entendam totalmente suas intenções, isso certamente não garante que irão concordar com seus pedidos ou que virão em sua ajuda se vocês lhes pedir. Para dar apenas um exemplo, um médico que conhecemos teve grande dificuldade ao tentar fazer com que alguém cobrisse seu turno de trabalho para que ele pudesse ir a um casamento. Isso nos deixou perplexos já que ele é uma pessoa simpática e muito bem respeitada, e sabemos que já havia coberto o turno de muitos de seus colegas anteriormente. Mas quando perguntamos de que forma exatamente ele havia feito o pedido a seus colegas, soubemos instantaneamente qual tinha sido problema: ele havia enviado um e-mail coletivo com o pedido, em que era possível ver os nomes de todos os destinatários.

O problema com essa estratégia é que ela produz a chamada *difusão de responsabilidade*. Por ter enviado o e-mail em massa de forma a tornar visível o grande número de colegas aos quais estava fazendo o pedido, ninguém se sentiu pessoalmente responsável por ajudá-lo — em vez disso, todos, provavelmente, partiram do princípio de que *outra pessoa* na lista concordaria com a solicitação. Em uma clássica demonstração de difusão de responsabilidade, os psicólogos sociais John Darley e Bibb Latané encenaram uma situação em que um estudante parecia estar tendo um ataque epiléptico. Quando apenas um espectador estava presente, ajudava em aproximadamente 85% das vezes. Mas quando havia de três a cinco espectadores — todos em aposentos separados, para ninguém saber ao certo se a vítima estava recebendo ajuda —, apenas 31% dos espectadores prestaram assistência.

Então, o que nosso amigo deveria ter feito para aumentar a probabilidade de que alguém se apresentasse voluntariamente para cobrir seu turno de trabalho? Se tivesse tempo, poderia ter selecionado as pessoas que achava ter mais possibilidade de dizer sim — talvez aquelas cujos turnos ele já havia coberto —, pedir-lhes pessoalmente ou enviar e-mails personalizados solicitando ajuda. Ou, se essas não fossem opções viáveis por algum motivo, ele poderia ter, pelo menos, enviado a algumas pessoas em cópia oculta para que outras pessoas não tivessem pleno conhecimento do número de pessoas às quais havia pedido ajuda.

Até agora já falamos sobre como o processo de comunicar-se com outras pessoas e influenciá-las é afetado quando usamos e-mails, se comparado às formas mais tradicionais de comunicação. Mas o que podemos falar sobre outros aspectos da persuasão eletrônica? Por exemplo, como a pesquisa psicológica poderia dar suporte à forma de projetar seu website comercial? Vamos começar com um exemplo.

Suponha que um dia, depois de ler este livro, você decida que quer mais dois exemplares — assim, terá um em sua casa, um no escritório e outro no porta-luvas, em caso de emergência.

Depois de ter tirado os dois últimos exemplares de *Sim!* da prateleira de uma livraria, e levá-los ao caixa, você fica surpreso com algo que um funcionário diz a você: "Tem certeza de que quer comprar estes livros aqui? Sei que temos um dos melhores preços, mas uma livraria aqui perto está vendendo por 15% a menos. Se quiser, posso fazer um mapa de como chegar lá." Com um atendimento como esse — ou, mais precisamente, com um *não* atendimento como esse —, você se pergunta como é que a livraria ainda está em atividade.

Embora esse exemplo possa parecer, de certa forma, absurdo, alguns negócios adotaram essa prática aparentemente autodestruidora. Por exemplo, tomemos a Progressive Auto Insurance, a terceira maior empresa de seguros para veículos motorizados nos Estados Unidos. A empresa sempre se orgulhou das inovações que a distinguem de seus concorrentes, inclusive do fato de ser a primeira grande seguradora no mundo a lançar um website, em 1995. Um ano mais tarde, proprietários de automóveis podiam usá-lo não apenas para conhecer as taxas da Progressive, mas também os preços oferecidos pelas principais concorrentes da empresa. Hoje, a home page oferece, inclusive, um "registrador de cotações", uma barra de informações que rola para cima e para baixo e relaciona as comparações de que os visitantes mais recentes tomaram conhecimento. Embora a Progressive tenha taxas claramente melhores em muitos desses casos, isso nem sempre acontece. Por exemplo, quando verificamos o site um minuto antes de escrever isto, o registrador de cotações revelava que alguém com as iniciais C.M., no estado norte-americano de Wisconsin, teria economizado quase 943 dólares por ano assegurando seu Toyota com um dos concorrentes da Progressive.

Então, a Progressive está segurando um número maior de clientes com essa estratégia ou está assegurando sua própria extinção? O enorme crescimento da empresa desde que implantou essa inovação — uma média de 17% ao ano, com prêmios anuais de seguro crescendo de 3,4 bilhões a 14 bilhões de dólares — indica que está funcionando. A pesquisa realizada por Valerie Trifts e Gerald Häubl pode explicar o motivo.

Em seu experimento, Trifts e Häubl disseram aos participantes que a sua universidade estava considerando fazer um empreendimento junto à uma dentre diversas empresas varejistas de vendas de livros online. A função dos participantes era fazer uma busca online de uma determinada lista de livros, comparar seus preços entre as empresas e decidir em qual delas comprar. Um detalhe importante: para metade dos participantes, um dos sites relacionava não apenas seu próprio preço para um determinado livro, mas também os de outras livrarias. Os pesquisadores também variavam a posição no mercado daquela empresa, o que significava que alguns participantes viam que os preços daquela varejista, em média, eram relativamente baixos, outros viam que eram relativamente altos e outros ainda viam que eram mais ou menos iguais aos das outras empresas.

Os resultados aprovaram o método da Progressive? Em grande parte, sim, mas é importante ressaltar que eles dependeram do fator crítico de posição no mercado. Quando os preços da varejista em questão semelhante à Progressive eram clara e consistentemente mais baratos ou mais caros do que os das outras, realmente não importava se era mencionada a comparação de preços. No entanto, quando os preços eram mais altos para alguns dos livros e mais baixos para outros — o que mais se aproxima da forma como as empresas operam no mundo real —, a menção da comparação fazia diferença: os participantes nessa situação relataram que havia uma propensão maior a comprarem na varejista semelhante à Progressive. Além de parecer mais digna de confiança — afinal de contas, como vimos anteriormente, pessoas e empresas desonestas raramente se manifestam contra seus autointeresses —, os consumidores provavelmente apreciam o fato de ter as comparações de preços em um único lugar, por poupar tempo e esforço.

Em resumo, para voltarmos à conjuntura original da livraria, os resultados desse estudo — e do sucesso da Progressive nos dias de hoje ao utilizar essa prática — indicam que as empresas que oferecem a clientes em potencial os preços de seus concorrentes podem, ocasionalmente, perder uma batalha, mas estão, definitivamente, bem posicionadas para vencer a guerra dos preços.

A pesquisa das comparações online mostrou como certas características de um website comercial podem ser aproveitadas para persuadir clientes em potencial a usar seus serviços. Mas existem aspectos menos óbvios em páginas da web que possam influenciar o comportamento do cliente? Por exemplo, uma coisa tão sutil quanto o fundo do seu website poderia transformar clientes em potencial de pesquisadores em compradores?

Diversos experimentos conduzidos pelos pesquisadores de consumidores Naomi Mandel e Eric Johnson indicam que a resposta é sim. Em um desses experimentos, os participantes visitaram uma página na web que abrigava um site de compras hipotético, no qual precisavam escolher entre dois sofás. Um era descrito como muito confortável, mas também muito caro, enquanto o outro constava apenas como meio confortável, mas barato. Os pesquisadores também variaram plano de fundo da página para tentar transferir a tomada de decisão dos participantes no sentido de economizar dinheiro ou no de conforto. Para a escolha dos fundos, eles confiaram em alguns dados de um estudo anterior, em que os participantes viam um anúncio de sofá que tinha dois motivos possíveis: fotos de moedas sobre um fundo verde ou fotos de nuvens fofas sobre um fundo azul. Depois de pedir aos participantes que produzissem uma lista dos aspectos mais importantes que deveriam ser considerados durante a compra de um sofá, aqueles que viram a foto das moedas apresentaram uma probabilidade de citar a importância do custo maior do que a das pessoas que viram as nuvens. Similarmente, as pessoas que viram as nuvens apresentaram uma maior probabilidade de priorizar o conforto.

Em vista dessas descobertas preliminares, Mandel e Johnson suspeitaram que quando os participantes consultassem os dados de um sofá em uma loja virtual que mostrasse um fundo repleto de nuvens, apresentassem uma probabilidade maior de comprar o sofá mais confortável (porém mais caro), enquanto o contrário seria verdadeiro em relação ao fundo com as moedas — e foi exatamente isso que eles descobriram. Esses resultados também não foram limitados a um único tipo de produto. Por exemplo, os participantes apresentaram maior probabilidade de escolher o carro mais seguro (e mais caro) em detrimento do menos seguro (e mais barato) quando o fundo apresentava uma imagem nos tons vermelho e laranja, fazendo lembrar chamas que poderíamos ver em um acidente de carro.

O que é particularmente digno de nota sobre essas descobertas é a forma com que esses detalhes sutis, mas poderosos, podem influenciar no comportamento das pessoas. Por exemplo, quase todos os participantes desses experimentos insistiram que o fundo não exerceu qualquer efeito sobre suas escolhas. No entanto, como sabemos, essas opiniões simplesmente não refletem a realidade.

Talvez a implicação mais importante dessas descobertas seja que certos aspectos do website de sua empresa, tais como as imagens apresentadas no segundo plano, têm uma influência muito maior no comportamento dos consumidores do que você poderia imaginar. Eles indicam que você pode escolher estrategicamente o fundo e outras imagens em seu website com base nos pontos fortes de seus bens e serviços. Em outras palavras, através dessa cuidadosa seleção, você pode trazer os pontos fortes de seus produtos — e talvez todos os pontos fortes de sua empresa — para o primeiro plano.

Influência global

Hai. Hao. Da. Ja. Sí. Oui. Pessoas de todos os cantos do mundo dizem sim de maneiras muito diferentes. Isso significa que as estratégias de persuasão que usamos para fazê-las dizer sim deveriam ser diferentes, dependendo da bagagem cultural do destinatário? Ou será que uma abordagem única serve para todos os povos, com probabilidade de ser igualmente efetiva, independentemente do local de origem de uma pessoa? Embora os princípios fundamentais de influência social e muitas das estratégias que discutimos durante todo este livro tenham grande poder de persuasão em todas as culturas, uma pesquisa recente indica que existem algumas diferenças sutis na forma como você deverá personalizar suas táticas e mensagens, a depender da experiência cultural da pessoa que você está tentando persuadir. Em essência, essas diferenças resultam de variações em normas e tradições culturais, que levam pessoas de sociedades diferentes a colocar maior peso em alguns aspectos de uma mensagem persuasiva do que em outros.

Tomemos, por exemplo, a pesquisa conduzida por Michael Morris e seus colegas, que estudaram os funcionários do Citibank, uma das maiores corporações financeiras multinacionais em todo o mundo. Morris e seus colegas pesquisaram suas agências em quatro países diferentes — Estados Unidos, Alemanha, Espanha e China (Hong Kong) — e avaliaram a boa vontade dos empregados em concordar voluntariamente com um pedido de ajuda para uma tarefa, feito por um colega de trabalho. Embora as pessoas que participaram da pesquisa tenham sido influenciadas por muitos dos mesmos fatores, alguns deles tiveram maior influência dependendo do país.

Os funcionários nos Estados Unidos, por exemplo, demonstraram maior probabilidade de efetuar uma abordagem baseados na reciprocidade direta. Eles fizeram a seguinte pergunta: "O que essa pessoa já fez por mim?" E sentiram-se obrigados a se apresentar voluntariamente caso devessem um favor ao solicitante. Por outro lado, os da Alemanha mostraram uma propensão maior a serem influenciados baseados em saber se a pessoa solicitante se encaixava ou não dentro das normas da empresa. Decidiam concordar fazendo a seguinte pergunta: "De acordo com as normas e categorias oficiais, devo dar assistência a essa pessoa que está me fazendo a solicitação?" Na Espanha, basearam a decisão principalmente nas normas de amizade que incentivam a lealdade aos nossos amigos, independentemente de sua posição ou seu status. Fizeram a seguinte pergunta: "Essa pessoa que está me fazendo a solicitação tem alguma ligação com meus amigos?" E, finalmente, os empregados chineses responderam à autoridade primordialmente na forma de fidelidade àquelas pessoas de status elevado dentro de seu pequeno grupo. Perguntaram: "Essa pessoa que está me fazendo a solicitação está ligada a alguém em minha unidade, especialmente de maiores escalões?"

Conforme Morris e seus colegas observam, existem diversas implicações práticas importantes nessa pesquisa. Em primeiro lugar, as empresas que buscam transferir práticas, normas e estruturas organizacionais de um ambiente cultural para outro precisam ser sensíveis às normas de obrigação da nova cultura — ou correr o risco de transformar o que pode ser uma máquina bem lubrificada, em determinada sociedade, em um mecanismo ruidoso e de mau funcionamento.

Os resultados também mostram que gerentes que se mudam de um ambiente cultural para outro podem precisar ajustar as estratégias que usam para assegurar a obediência de outras pessoas em sua filial. Por exemplo, um gerente que seja transferido de Munique para um escritório em Madri pode descobrir que desenvolver amizades com outras pessoas é um aspecto cada vez mais importante para ganhar consentimento no novo local de trabalho. No entanto, um gerente que opte por outro caminho pode descobrir que fazer solicitações fora das orientações formais da empresa — por exemplo, pedir a um colega de trabalho que ignore alguma papelada, uma prática que talvez fosse aceitável em seu ambiente de trabalho anterior — não é considerado apropriado em seu novo local.

Embora as quatro culturas examinadas na pesquisa do Citibank difiram em diversas dimensões psicológicas importantes, pesquisadores de influência social focaram sua atenção em como uma dimensão em particular, conhecida como individualismo-coletivismo, afeta o processo de persuasão. Em poucas palavras, o individualismo é uma orientação que determina a mais alta prioridade às preferências e aos direitos do indivíduo. Coletivismo, por outro lado, prioriza direitos do grupo. Embora seja algo muito simples, poderíamos dizer que culturas individualistas tratam-se mais sobre *mim*, enquanto as coletivistas tratam-se mais de *nós*. Pessoas em países como os Estados Unidos, o Reino Unido e outros na Europa Ocidental tendem a ser mais individualistas. Por outro lado, muitos outros países em todo o mundo, inclusive aqueles onde agora germinam parcerias comerciais internacionais — países na Ásia, América do Sul, África e Europa Oriental — são mais coletivistas.

Os pesquisadores Sang-Pil e Sharon Shavitt decidiram examinar as implicações dessas diferentes orientações culturais para a persuasão em um contexto de marketing. Sua previsão era que em culturas coletivistas a propaganda que concentrasse os consumidores nos benefícios que o produto oferecia para os membros do grupo de uma pessoa (por exemplo, amigos, família ou colegas de trabalho) seria mais persuasiva do que uma que focasse os consumidores unicamente nos benefícios para o próprio consumidor. Pensaram também que isso seria especialmente mais provável com produtos tipicamente compartilhados com outras pessoas, como, por exemplo, ar-condicionado ou pasta de dente.

Inicialmente, Han e Shavitt procuraram evidências que dessem respaldo às suas ideias. Escolheram duas revistas nos EUA e duas na Coreia do Sul, certificando-se de selecionar as que tivessem mesma popularidade e mesmo gênero nos dois países. Em seguida, selecionaram, aleatoriamente, alguns anúncios, e pediram para que habitantes treinados e pessoas bilíngues os avaliassem quanto à extensão em que concentravam os leitores nos benefícios do produto para si mesmos ou para seu grupo. Os pesquisadores descobriram que os anúncios dos Estados Unidos realmente tinham maior probabilidade de realçar os benefícios dos produtos mais voltados aos indivíduos, especialmente quando se tratava de produtos compartilhados com outras pessoas. Enquanto os anúncios dos EUA tendiam a apelar para a individualidade do leitor (por exemplo, "A arte de ser exclusivo"), para a motivação do progresso individual (por exemplo, "Você, apenas melhor") e para os objetivos pessoais (por exemplo, "Com esta nova aparência estou pronto para meu novo papel") os anúncios sul-coreanos tendiam a apelar para o senso de responsabilidade do leitor com o grupo (por exemplo, "Uma maneira mais emocionante de suprir as necessidades de sua família"), para a motivação de realçar o grupo (por exemplo, "O sonho da prosperidade para todos nós") e para a consideração das opiniões do grupo (por exemplo, "Nossa família concorda com a escolha dos móveis para nosso lar").

Depois de confirmar que as mensagens persuasivas embutidas nesses anúncios objetivavam diferentes motivações do consumidor com base na orientação cultural da sociedade, os pesquisadores partiram para encontrar a resposta a uma pergunta psicologicamente mais importante: as mensagens de orientação coletivista e individualista são, afinal, mais persuasivas em suas respectivas culturas? Afinal de contas, como foi dito na Introdução, o fato de publicitários acharem que certos tipos de mensagens serão mais efetivos não significa que o serão.

Para responder a essa pergunta, Han e Shavitt criaram duas versões de anúncio para uma grande variedade de produtos — uma mais orientada ao individualismo e outra, ao coletivismo. Por exemplo, a versão individualista de um anúncio para uma marca de chicletes dizia: "Delicie-se com uma experiência de hálito refrescante." Note que essa mensagem está concentrada nos benefícios do hálito refrescante, que dizem respeito unicamente ao consumidor. Mas, como todos sabemos, a qualidade do hálito de uma pessoa não é uma questão unicamente pessoal; ela pode afetar também os que estão ao redor. Compreensivelmente, então, a versão mais coletivista desse anúncio dizia: "Compartilhe a experiência de ter um hálito refrescante." (Naturalmente, os anúncios foram redigidos em inglês para os participantes dos EUA e em coreano para os participantes da Coreia do Sul.)

Os resultados revelaram que os participantes sul-coreanos foram mais persuadidos pelo anúncio coletivista do que pelo individualista, e para os participantes dos EUA ocorreu o inverso. E, coerente com o estudo anterior, esse efeito foi especialmente poderoso com produtos que as pessoas tendem a compartilhar com outras. Isso deve servir como uma pausa para qualquer publicitário que esteja pensando em cobrir vários países com uma campanha de marketing baseada em uma estratégia única para todos. Em vez disso, tais campanhas deveriam ser personalizadas para adequar-se à orientação cultural das sociedades em que serão divulgadas. O hálito de uma nação inteira pode depender disso.

A pesquisa de Han e Shavitt mostra como pessoas de culturas individualistas tendem a atribuir maior consideração às próprias experiências, enquanto pessoas de culturas coletivistas valorizam mais as experiências de outras pessoas perto delas. Como essas diferenças culturais poderiam afetar o peso relativo que se dá aos princípios fundamentais da influência social?

Para abrir esta questão, vamos considerar um exemplo. E quem melhor para ilustrar as tendências das pessoas em uma cultura individualista do que uma proeminente figura do mais individualista dos países — os EUA — e do mais individualista dos esportes — o golfe? Muitos anos atrás, o lendário golfista norte-americano Jack Nicklaus testemunhou a morte angustiante de seu jovem neto. Alguns dias depois, Nicklaus deixou claro em uma entrevista que suas chances de disputar um dos mais prestigiosos eventos do golfe, o Masters, estavam entre "fracas e nenhuma". No entanto, para surpresa de muita gente, também anunciou que jogaria em dois outros eventos em um futuro próximo. Que fator poderoso poderia convencer um homem de luto a participar desses eventos, depois de ter ficado abatido por tal tragédia?

Acontece que Nicklaus havia prometido jogar nesses eventos antes do falecimento de seu neto. Segundo as palavras do golfista, "A gente assume compromissos e precisa cumpri-los". Como já discutimos, a motivação de ser coerente com os próprios compromissos pode ser poderosa em influenciar as ações de uma pessoa. Mas será que ela motiva com a mesma força em todas as culturas? Estando nas mesmas condições, será que um golfista com experiência cultural diferente iria sentir-se tão vinculado aos seus compromissos e às suas ações anteriores?

Para nos ajudar a compreender melhor a resposta a essa pergunta, vamos considerar um experimento que um de nós conduziu com Stephen Sills, sob a liderança da pesquisadora Petia Petrova. Estudantes que eram nativos dos Estados Unidos e da Ásia receberam um e-mail que solicitava o preenchimento de uma pesquisa online. Um mês depois, cada um recebeu outro e-mail pedindo sua participação em uma pesquisa online relacionada com a primeira, alertando que o seu preenchimento levaria o dobro do tempo necessário para preencher a pesquisa original.

Então, o que foi que descobrimos? Em primeiro lugar, descobrimos que os estudantes dos EUA apresentaram uma probabilidade ligeiramente menor de atender à solicitação inicial. No entanto, daqueles que responderam ao primeiro questionário, os participantes dos EUA apresentaram uma probabilidade maior de atender ao segundo pedido (cerca de 22%) do que os participantes asiáticos (cerca de 10%). Em outras palavras, descobrimos que a concordância com a solicitação inicial teve uma influência muito maior na aceitação subsequente entre participantes dos EUA do que entre participantes asiáticos.

Por que aconteceu isso? Talvez outro estudo, resultante de uma pesquisa que um de nós conduziu com vários colegas, possa trazer mais luz a essa pergunta desconcertante. Descobrimos que quando pedimos a estudantes dos EUA para que participassem, sem qualquer custo, de uma pesquisa de mercado, eles se mostraram mais influenciados por seu próprio histórico de concordância com tais solicitações — em outras palavras, seus comprometimentos anteriores — do que pelo de seus pares. Mas na Polônia, um país de orientação mais coletivista, aconteceu precisamente o oposto; o que os pares de um estudante haviam feito anteriormente foi um motivador mais poderoso do consentimento atual do que o antes feito pelo estudante.

Essas descobertas são devidas, pirncipalmente, às diferenças culturais entre individualismo e coletivismo. Como as pessoas de culturas individualistas tendem a dar peso maior às suas experiências pessoais, a coerência com as próprias experiências é, frequentemente, um motivador mais potente para elas. Sendo de culturas coletivistas, é o comportamento dos integrantes do seu grupo que as noticiará mais incisivamente. Isso significa que, quando pedir um favor a um inglês, a um norte-americano ou a um canadense, você será mais bem sucedido se observar se isso está de acordo com o que aquela pessoa já fez anteriormente. Por outro lado, quando pedir um favor a pessoas de países mais coletivistas, você será mais bem-sucedido se observar que isso está de acordo com o que os pares daquela pessoa já fizeram antes.

Para examinarmos um exemplo específico, suponha que sua empresa já esteja fazendo bons negócios com uma firma na Europa Oriental há dois anos. Durante esse tempo, você tem, frequentemente, pedido a seus sócios europeus o favor de providenciarem informações atualizadas de marketing. Seu principal contato lá, Slawek, e seus colegas de trabalho normalmente esforçam-se para ajudá-lo. Suponha também que você precise de informações atualizadas mais uma vez e que, em uma conversa telefônica, peça da seguinte maneira: "Slawek, você sempre foi tão prestativo, que espero que possa nos fornecer informações atualizadas, outra vez." Ao agir assim, você terá cometido um erro. Os resultados desses estudos indicam que seu sucesso teria sido maior se tivesse dito: "Slawek, você *e seus colegas de trabalho* sempre foram tão prestativos, que espero que possam nos fornecer informações atualizadas, outra vez." É fácil para uma pessoa que tenha nascido na Inglaterra, na Europa Ocidental ou na América do Norte cometer esse tipo de erro, pois esses indivíduos partem do pressuposto de que todos preferem operar de acordo com o princípio da coerência pessoal — a tendência de tomar uma decisão com base no que a pessoa já fez antes. Mas, como esses estudos demonstraram, em muitos países coletivistas a coerência pessoal com ações anteriores é superada pelo princípio da influência social — a tendência de decidir o que se deve fazer com base no que o grupo da pessoa já fez antes.

Pessoas de culturas coletivistas e individualistas também diferem no peso relativo que dão a duas funções centrais da comunicação. Em poucas palavras, uma função da comunicação é ser informativa: quando nos comunicamos, transmitimos informações aos outros. Uma segunda função, menos óbvia, é ser relacional: quando nos comunicamos, ajudamos a formar e manter relacionamentos com outras pessoas. Embora as duas funções sejam claramente importantes para todas as culturas, os pesquisadores Yuri Miyamoto e Norbert Schwarz indicaram que as culturas individualistas dão maior ênfase à função informativa da comunicação, enquanto as coletivistas priorizam função relacional.

Embora essa diferença cultural tenha implicações em várias questões relacionadas com a comunicação, Miyamoto e Schwarz examinaram uma delas, que permeia o nosso dia a dia em nossos lares e no ambiente de trabalho — deixar recados ao telefone para outras pessoas. Os pesquisadores suspeitavam que, como no Japão as pessoas tendem a ser coletivistas e, portanto, mais concentradas em formar e manter relacionamentos com todos à sua volta, os japoneses teriam maior dificuldade em fazer algo como um pedido mais complicado por meio de uma secretária eletrônica. Eles raciocinaram que, se os japoneses mostram-se mais preocupados do que os norte-americanos sobre a forma com que suas comunicações afetam seu relacionamento com os receptores de uma mensagem, transmitir uma mensagem para a qual não será obtida qualquer pista sobre como está sendo recebida deve causar-lhes mais fadiga mental. Para testar essa hipótese, Miyamoto e Schwarz pediram que participantes dos EUA e do Japão deixassem um pedido de ajuda um tanto detalhado em uma secretária eletrônica, falando em seus próprios idiomas. Embora os norte-americanos tenham ido direto ao ponto, os japoneses demoraram mais tempo para deixar suas mensagens, parecendo estar mais preocupados sobre como sua solicitação iria afetar o relacionamento com o destinatário.

Os pesquisadores também testaram participantes do Japão e dos EUA em suas experiências com secretárias eletrônicas. Embora metade dos norte-americanos tenha relatado que desliga o telefone quando atendidos por uma secretária eletrônica, os japoneses surpreendem com um índice de 85% que relataram desligar o telefone. E, coerentemente com a explicação dos pesquisadores quanto aos resultados do estudo anterior, ao serem questionados a respeito do que menos gostavam em secretárias eletrônicas, foi maior a probabilidade de os participantes japoneses citarem motivos relacionais (por exemplo, "É difícil parecer natural com uma secretária eletrônica"), enquanto o padrão cultural dos EUA implicou em mais motivos informativos (por exemplo, "Muitas vezes as pessoas não verificam se há recados na secretária eletrônica").

O que essas descobertas nos dizem sobre como influenciar outras pessoas, dentro e fora do ambiente de trabalho? Como discutimos anteriormente, os relacionamentos são um componente importante do processo de persuasão — ainda que isso seja especialmente verdadeiro entre pessoas de países com orientações coletivistas. Ao deixar mensagens para os outros, pode ser tentador, especialmente para pessoas de culturas individualistas, concentrar-se inteiramente em transmitir com eficácia uma informação, ignorando algum relacionamento que tenha com o destinatário. Esses resultados indicam que, ao tratarmos com pessoas de culturas coletivistas, é particularmente importante prestar atenção a seu relacionamento — e, em particular, aos atributos que vocês compartilham genuinamente.

O mesmo deveria ser aplicado às conversas. Na verdade, com base em algumas pesquisas que mostram como os interlocutores japoneses tendem a interagir mais (por exemplo: "Entendo", "Sim") do que os norte-americanos durante as conversas, Miyamoto e Schwarz sugerem que uma pessoa do Japão pode achar que conversar com um norte-americano seria, de certa forma, semelhante a falar com uma secretária eletrônica. Essa ideia está de acordo com a descoberta de uma pesquisa adicional, segundo a qual haveria maior probabilidade de que os participantes japoneses dissessem que não gostam de secretárias eletrônicas: "É difícil de falar, já que não há respostas." Essas descobertas indicam que devemos, com certeza, nos certificar de dar algumas respostas quando conversamos com pessoas de culturas coletivistas, deixando que elas saibam que nos importamos com o relacionamento que temos com elas, bem como com a informação que estão tentando nos transmitir.

Os resultados também servem como uma advertência de que "deixar o telefonema ser atendido pela secretária eletrônica" pode ser uma decisão traiçoeira, especialmente quando a pessoa que está ligando é de alguma cultura coletivista. Se você acha que o pior que pode te acontecer é entrar em um simples de jogo de "identificador de chamadas", pode se encontrar, em pouco tempo, em um jogo em que será o único participante.

Sim!
A influência ética

Desde o início deste livro, descrevemos estratégias de influência social, às quais nos referimos como ferramentas para a sua caixa de persuasão. E é exatamente assim que devem ser usadas — como ferramentas construtivas que ajudam a firmar relacionamentos verdadeiros com outras pessoas, a realçar os genuínos pontos fortes de sua mensagem, de sua iniciativa ou de seu produto e, em última análise, a criar resultados que representem os melhores interesses de todas as partes envolvidas. No entanto, quando, por outro lado, essas ferramentas são usadas de forma antiética, como armas — por exemplo, pela introdução, de maneira desonesta ou artificial, dos princípios da influência social em situações nas quais eles não existiriam naturalmente — os ganhos a curto prazo, quase que invariavelmente, serão seguidos por perdas a longo prazo. Embora o uso desonesto das estratégias de persuasão possa, ocasionalmente, dar certo a princípio — talvez alguém seja persuadido com um conjunto falso de argumentos ou possa ser iludido a comprar um produto defeituoso —, as consequências para a reputação, a longo prazo, serão amargas quando tal desonestidade for finalmente descoberta.

Não é apenas um uso desonesto que deveria ser evitado; também existem perigos inerentes à tentativa de explorar as aplicações de algumas das ferramentas que descrevemos. Por exemplo, na primavera de 2000, o Reino Unido encontrava-se em meio a uma séria crise. Empresas de norte a sul do país estavam desesperadas; escolas estavam desertas; as lojas empenhavam-se em conseguir clientes; e o serviço público corria o risco de ser sucateado. O motivo da crise? Não havia petróleo. Na verdade, essa última explicação é apenas parcialmente verdadeira. Havia muito petróleo; o que acontece é que os postos não tinham estoques, devido ao bloqueio, por parte de manifestantes de um grande número de refinarias que não se conformavam com o valor que tinham de pagar pelo combustível.

O racionamento rapidamente teve um impacto. Dezenas de milhares de motoristas formavam filas nas proximidades dos postos de gasolina para encher os tanques de combustível, tão necessário. À medida que a escassez começava a ficar mais séria, o comportamento dos motoristas mudou. Jornais, estações de rádio e emissoras de televisão, locais e nacionais, passaram a divulgar histórias que descreviam como os donos de carros entravam em uma fila para encher seus tanques, rodar apenas alguns quilômetros e entrar em outra fila para abastecer outra vez. Outros motoristas passavam a noite dormindo dentro de seus carros nas proximidades de postos, na esperança de terem a sorte de receber uma das raras levas de combustível que conseguiam furar os bloqueios. Esse é o poder da escassez em ação.

No auge da crise, houve um dono de posto de gasolina que, segundo relatos, recebeu um fornecimento do tão necessário combustível. Na verdade, o posto dele era o único em um raio de muitos quilômetros com fornecimento de gasolina, e a notícia se espalhou rapidamente. Reconhecendo a posição privilegiada em que se encontrava, e vendo a longa fila se formando lá fora, o empresário ousado, talvez sem surpreender, aproveitou para aumentar o preço de sua gasolina. Mas em vez de acrescentar uma quantia pequena, ele alterou seus preços para dez vezes a mais!

Os motoristas descontentes, mas ainda necessitados de gasolina, recusaram-se em massa a pagar preços tão exorbitantes? Dificilmente. Embora ficassem muito irritados, ainda entraram em longas filas para garantir qualquer quantidade de gasolina que conseguissem. Em questão de horas, a última gota de combustível esvaiu drenada do tanque do posto, e o dono teve, em apenas um dia, um lucro que normalmente teria em duas semanas.

Mas o que aconteceu com o seu negócio duas semanas mais tarde, depois que a crise terminou? Em poucas palavras, as consequências foram desastrosas. Ao explorar a escassez da gasolina e forçar motoristas desesperados a pagar preços ridiculamente inflacionados, ele teve lucro a curto prazo, mas perdeu tudo a longo prazo. As pessoas simplesmente boicotaram seu posto. Algumas foram ainda mais longe, estabelecendo como meta informar amigos, vizinhos e colegas de trabalho sobre as ações do proprietário. Seu posto perdeu praticamente todos os clientes que tinha e, em pouquíssimo tempo, sua reputação deteriorada forçou-o a fechar o negócio. Isso é completamente coerente com várias pesquisas que mostram que para pessoas que se comportam de maneira indigna de crédito, não há muito a fazer para reconquistar a confiança do público.

Se o dono do posto tivesse considerado o conjunto de poderosas ferramentas de influência social disponíveis a ele em sua caixa de persuasão, teria descoberto que havia, certamente, melhores opções disponíveis — que poderiam ter levado a maiores lucros a longo prazo. Em primeiro lugar, poderia ter assegurado que seus suprimentos de combustível iriam, antes de tudo, para seus clientes locais ou regulares, fazendo questão de informá-los que estava fazendo isso por dar muito valor à sua fidelidade. Ou poderia ter instalado um aviso dizendo que se recusava a cobrar quantias absurdas de motoristas que precisavam do combustível em um momento de crise; agindo contra seu próprio interesse (pelo menos seu interesse a curto prazo), isso certamente o mostraria como uma pessoa mais simpática, generosa e digna de confiança aos olhos dos motoristas. Seria uma decisão que, por certo, lhe renderia grandes lucros no futuro. Mesmo que não tivesse feito nada, mas mantivesse os preços justos, os clientes provavelmente teriam ficado mais felizes em comprar alguns produtos extras de sua loja de conveniência, pelo simples fato de que se sentiriam agradecidos pelo fato de que ele não teria tirado vantagem deles sob aquelas circunstâncias tão difíceis.

No entanto, de certa forma, as ações do dono do posto são compreensíveis. Da mesma forma que muitas pessoas a quem desejamos influenciar são frequentemente forçadas a tomar decisões rápidas, por causa do ritmo frenético do mundo ao redor delas, o mesmo acontece conosco como persuasores. Muitas vezes, a primeira estratégia de influência que nos vem à mente não é a mais ética. Mas fazendo um esforço extra para considerar todas as opções que estão disponíveis para você agora — usando sua nova caixa de ferramentas —, você pode levar as pessoas através da sua perspectiva, do seu produto ou da sua iniciativa, de maneira genuína, honesta e duradoura. E, ao mesmo tempo, como persuasores éticos, podemos nos tranquilizar sabendo que aquelas pessoas que escolhem usar a influência social como uma arma, e não como uma ferramenta, terminarão, inevitavelmente, atirando no próprio pé.

Sim!
Influência em ação

Neste livro, tentamos abordar uma grande quantidade de visões sobre como o processo de influência funciona a partir de uma perspectiva científica. Fomos cuidadosos em oferecer apenas as estratégias de influência que foram mostradas, através de estudos e pesquisas rigorosamente controlados, para sermos eficazes. Nós, deliberadamente, não baseamos nossas recomendações em nossas próprias intuições ou experiências. Em vez disso, confiamos inteiramente no significativo conjunto de pesquisas do estudo de influência social e persuasão. De acordo com essa afirmação, você pode ter certeza de que suas tentativas de influenciar e persuadir outras pessoas não precisam mais basear-se unicamente em suas intuições e experiências. Agora você também tem a ciência ao seu lado.

Somos frequentemente procurados por pessoas que nos relatam suas experiências ao usar a ciência da persuasão. Essas pessoas vêm de muitos tipos de ambientes de trabalho. Algumas trabalham para corporações multinacionais, outras trabalham para o governo ou na área de educação, outras são autônomas — e outras ainda são pessoas que estão simplesmente interessadas no que a ciência nos diz sobre como ser persuasivos. Aqui estão apenas alguns exemplos de como elas empregaram de maneira ética uma ou mais visões científicas de forma que as ajudou a tornarem-se mais persuasivas.

Nick Pope, diretor de treinamento do pessoal de vendas (Europa, Oriente Médio, África), Bausch and Lomb:

Uma das maneiras pelas quais desenvolvemos relacionamentos com clientes é convidá-los para apresentações educacionais e reuniões. Nos dias de hoje, eles são bombardeados com convites para participar de reuniões e dias de estudo, patrocinados por diferentes empresas. Por isso, não chega a surpreender que, às vezes, muitas daquelas pessoas que inicialmente dizem que participarão de um evento acabam não aparecendo. Isso pode ter um impacto significativo em nossos negócios.

Usando o princípio do comprometimento e da coerência, antes de convidarmos quaisquer clientes para uma reunião importante, pedimos a eles: (a) para que registrem seu interesse por um assunto em particular e então (b) formulem algumas perguntas que gostariam de ver respondidas sobre o tópico.

Quando recebem o convite, deixamos claro que algumas daquelas perguntas serão respondidas pelo nosso palestrante convidado, que é especialista no assunto.

A expectativa de que suas perguntas (que eles já se comprometeram a fazer) poderão ser feitas em um fórum aberto tem aumentado drasticamente, como nunca antes, a frequência dos participantes, desde que passamos a usar esse princípio.

Dan Norris, diretor de treinamento, Hold Development Services, San Antonio, Texas:

Os brindes são uma marca registrada no mundo das franquias esportivas. Sejam bonés, camisetas ou ingressos, muitos times como o nosso os usam para atrair fãs para os jogos. O proprietário de nossa empresa é responsável por diversas equipes esportivas, inclusive uma liga de hóquei de menor importância.

Depois de um período de baixa na venda de ingressos, tivemos de informar às pessoas que tinham cadeiras garantidas que precisaríamos cancelar nossos brindes promocionais. Listamos vários públicos-alvos, e o primeiro deles reagiu muito negativamente à notícia. Aquelas pessoas viam os brindes quase como uma expectativa, e não como um presente. Inadvertidamente, nós as fizemos concentrar sua atenção na possibilidade de perder a única coisa que se acostumaram a esperar. A reunião rapidamente deixou de ser interessante, e muitos fãs foram para casa irritados.

Posteriormente, nos reunimos para debater uma estratégia diferente, e pensamos sobre como poderíamos ser mais efetivos na aplicação do princípio da reciprocidade. Na reunião com nosso próximo público-alvo, começamos pedindo aos fãs que identificassem os diferentes brindes que havíamos oferecido com o passar dos anos. Começaram a nos dar respostas como blusas de lã, ingressos extras, tacos de hóquei autografados etc. Em seguida às suas respostas, dizíamos: "Ficamos felizes por já termos podido oferecer esses brindes, e gostaríamos de continuar oferecendo futuramente. No entanto, nossas vendas de ingressos estão caindo, o que vai fazer com que isso seja difícil. O que podemos fazer juntos para trazermos mais torcedores para os jogos?" A reação não poderia ter sido mais diferente do que a do primeiro grupo. Os fãs começaram a colaborar, discutindo sobre como poderiam trazer mais amigos e familiares para assistir aos jogos. Algumas daquelas pessoas chegaram inclusive a observar: "É o mínimo que podemos fazer, depois de todas as coisas maravilhosas que vocês fizeram por nós."

John Fisher, Preston, Reino Unido:

Minha mulher tinha seu próprio negócio de produção e venda de roupas para crianças. Quando começou, tinha apenas alguns estilos e padrões de tecidos para oferecer aos seus clientes. À medida que seu negócio começou a crescer, atraindo novos clientes, ela decidiu expandir sua linha, tanto em termos do estilo das roupas infantis como também dos tecidos e padrões que oferecia. Descobrimos, coerentemente, que quanto mais opções as pessoas tinham, menos elas compravam. Embora, como a maioria das pessoas, nós considerássemos que uma variedade maior de opções fosse um aspecto bom, minha mulher descobriu que ter muitas opções para seus clientes frequentemente implicava em menos negócios.

Brian F. Ahearn, State Auto Insurance Companies, Columbus, Ohio:

Uma de minhas responsabilidades é ajudar a recrutar novas agências independentes para representar nossa empresa. Em nosso esforço de fazer isso, sempre enviamos materiais de marketing a agências em potencial para que pudessem saber mais sobre nós. Embora tivéssemos a esperança de que muitos agentes fossem ler as nossas comunicações, raramente recebíamos quaisquer respostas diretas. Depois de aprendermos sobre o princípio da escassez, percebemos que estávamos perdendo uma oportunidade que estivera bem à nossa frente o tempo todo!

Não fazemos negócios em todos os estados e, a cada ano, estabelecemos uma meta modesta de nomear novos agentes em nossas áreas de operação. Nunca pensamos em incorporar esses fatos, ou nosso progresso atual, às comunicações que estávamos enviando. Entendendo como a escassez pode fazer motivar as pessoas, começamos a incluir algo assim ao final de nossas comunicações: "Todo ano temos a meta de selecionar apenas algumas novas agências para associarem-se a nós. Para este ano, esse número foi limitado a apenas 42 agências nos 28 estados em que operamos e, até agora, já nomeamos mais de 35. Esperamos sinceramente que sua agência seja uma das remanescentes que iremos nomear antes do fim do ano."

A diferença foi notável, imediatamente! Em poucos dias, começamos a receber pedidos de informações. Sem gastos, qualquer nova campanha de marketing ou mudanças nos produtos ou sistemas. A única mudança foi o acréscimo de três sentenças, que continham afirmações verdadeiras.

Kathy Fragnolli, Resolutions Group, Dallas e San Diego:

Sou uma advogada que abandonou o cargo há 13 anos, e me tornei uma mediadora em tempo integral. Meu trabalho é fazer reuniões com as partes que estão envolvidas em litígio e ajudá-las a conciliar suas disputas. A maioria é representada por advogados. Uma mediação típica começa com todas as partes em uma sala. Solicito a cada uma delas que faça uma exposição do seu caso. Depois das declarações iniciais, acompanho cada lado às suas respectivas salas e passo a ir e vir entre elas, em um esforço de persuadir cada litigante que a posição que defenderam no início da manhã precisa mudar para que haja uma conciliação. Muitas das vezes dou minha opinião sobre os pontos fortes e fracos de cada caso para facilitar a mudança.

Antes de ler sobre a psicologia da persuasão, eu permitia que as partes declarassem suas exigências monetárias na sessão inicial para que a outra parte pudesse ouvir. No entanto, a partir do momento em que entendi o princípio da coerência, passei a solicitar que cada lado se abstivesse de declarar suas exigências ou ofertas monetárias até que eu me encontrasse com as pessoas em particular. A quantidade de conciliações que consegui aumentou muito quando percebi que o compromisso público com números estava prejudicando o esforço para comprometimentos. Percebi rapidamente que, quanto mais pessoas estavam na sala ouvindo as exigências iniciais, maior era a dificuldade de convencê-los a mudar de opinião!

Dil Sidhu, Acting Assistant Chief Executive, London Borough of Lambeth:

Quando me mudei para este escritório, a cidade tinha grandes problemas com operações, liderança e com a mudança de administração, e estava passando por um grande programa de recuperação. Usando o princípio da autoridade (que determina que as pessoas têm confiança naqueles com conhecimento ou sabedoria superior para orientá-las sobre como reagir), descobri maneiras úteis de assegurar que o grupo de monitoramento e assessoria do governo estava concordando com o tipo e a velocidade das mudanças que estavam sendo alcançadas. Assegurei que as credenciais das pessoas trazidas para trabalhar no período de mudanças fossem bem divulgadas, juntamente com os nomes de outras organizações onde elas haviam colaborado para a melhoria do desempenho. Uma atitude pequena, mas que trouxe à tona uma enorme mudança de atitude por parte do grupo de assessoria, e nos permitiu a liberdade de prosseguir com o trabalho de recuperação.

Christy Farnbauch, Hilliard City Schools, Hilliard, Ohio:

Tive a oportunidade de testar alguns dos princípios durante uma campanha de arrecadação para escolas. Trabalho para o 9º maior distrito escolar em Ohio e tentamos por três vezes, sem sucesso, aprovar uma arrecadação que pudesse proporcionar os fundos necessários para uma terceira escola de ensino médio e 14 escolas de ensino fundamental. Durante uma campanha (entre fevereiro e maio de 2006), sugeri que tentássemos algumas táticas novas com base na ciência da persuasão.

Escolhemos um tema baseado na negativa: "Nossas Crianças Não Podem Esperar." Anteriormente, sempre haviam sido positivos (por exemplo, "Unidos pelas Crianças", "Construindo Hoje o Amanhã" etc.). Estávamos tentando comunicar um senso de tempo limitado para fazer a coisa certa utilizando a estratégia da aversão à perda. A implicação era: nossas crianças (e a comunidade) perderão se não agirmos agora. Desenvolvemos três mensagens claras, com base em uma pesquisa feita na comunidade, e claramente articulamos essas mensagens várias e várias vezes (uma estratégia política comprovada). Estabelecemos também uma rede social de mais de 10 mil eleitores usando uma estratégia, conhecida como Saia e Vote, chamada "O meu +9". Por meio de pesquisa por telefone, os eleitores que nos apoiavam eram identificados e pedimos a mil voluntários que escolhessem nove nomes de amigos e colegas de trabalho e fizessem um acompanhamento durante mais de três semanas antes da eleição. Os voluntários foram bem informados. Muitos eram "comunicadores convertidos", que haviam votado contra arrecadações anteriores. Solicitamos aos eleitores em potencial que se comprometessem em votar na questão escolar e, simultaneamente, eles passaram a ser monitorados por um amigo ou colega. Passaram a receber lembretes sobre a eleição até o fechamento das pesquisas de intenção, no dia da eleição. Criamos também cartões-postais da campanha e outros tipos de comunicação, que foram especialmente produzidos para áreas específicas em todos os locais do distrito. Novamente, uma novidade.

Embora eu não possa provar cientificamente que qualquer uma dessas estratégias tenha nos ajudado a vencer a eleição, aprovamos a questão com uma ampla margem. Acredito que essas táticas foram inestimáveis para nosso sucesso e voltaremos a usá-las em futuras campanhas.

Tim Batchelor, gerente de treinamento, Surrey:

Enquanto ocupei o cargo de chefe de treinamento em uma importante indústria farmacêutica, tive a responsabilidade de lançar um novo Programa de Apresentação de Aptidões à nossa equipe de vendas, composta por quatrocentas pessoas no Reino Unido. Embora soubéssemos que o programa era muito inovador, sabíamos também que nem todas as pessoas pensariam o mesmo de nós sobre a iniciativa. Muitos dos vendedores já estavam na empresa há alguns anos e, provavelmente, achavam que já haviam visto de tudo. Com base na ideia de que as pessoas seguem a liderança de muitas outras como elas, nas primeiras oficinas pedimos a que escrevessem algo que gostavam sinceramente no workshop. Fizemos um apanhado de todas as respostas e imprimimos em grandes pôsteres, que foram exibidos nas paredes em eventos próximos. Na verdade, antes de iniciarmos qualquer treinamento, pedíamos aos encarregados que lessem atentamente os pôsteres e vissem o que seus colegas estavam dizendo sobre o programa. Eu estava um um tanto cético a princípio, em dúvida se uma coisa tão simples funcionaria, mas o impacto foi incrível. Ao final do programa, havíamos recebido mais de 200 e-mails de pessoas que haviam participado (um número sem precedentes). O interessante é que esse catálogo de testemunhos também me ajudou a influenciar a alta administração a apoiar projetos posteriores que eu estava liderando. Afinal de contas, não era apenas eu dizendo a eles como o Departamento de Treinamento era ótimo. Eu tinha agora os testemunhos de 200 pessoas dizendo isso por escrito, também.

Sim!
Notas de pesquisas

Introdução

Toda a referência para o livro de Robert Cialdini é: Cialdini, R. B. (2001), *Influence: Science and Practice* (4ª edição), Boston, MA: Allyn & Bacon.

1 Como aumentar seu poder de persuasão incomodando a plateia?

O estudo mais aprofundado pode ser encontrado em: Milgram, S., L. Brickman e L. Berkowitz (1969), "Note on the drawing power of crowds of different size", *Journal of Personality and Social Psychology*, 13: 79-82.

Os dados sobre o estudo do hotel são de um original que está, atualmente, sendo submetido ao processo de revisão pelos próprios pares: Goldstein, N. J., Cialdini R. B. e Griskevicius, V. (2007), "A room with a viewpoint: the role of situational similarity in motivating conservation behaviours", original oferecido para publicação.

Às pessoas interessadas em saber por que há bons motivos para seguir multidões, vejam: Surowiecki, J. (2005), *The Wisdom of Crowds*, Nova York: Doubleday.

2 O que faz com que as pessoas passem a aceitar sua popularidade?

Para um interessante conjunto de experimentos que examinam como associamos automaticamente certos comportamentos com situações e ambientes específicos, veja: Aarts, H. e Dijksterhuis, A. (2003), "The Silence of the Library: Environment, Situational Norm, and Social Behaviour', *Journal of Personality and Social Psychology*, 84: 18-28.

Os dados sobre o estudo do hotel relatado neste capítulo são do mesmo original descrito no capítulo anterior.

3 Que erro comum faz com que as mensagens se autodestruam?

Você pode ver esses dois anúncios de serviço público no website da Keep America Beautiful Organization, no seguinte endereço: www.kab.org/media.asp?id=246&rid=250.

Os dados do parque nacional foram publicados em: Cialdini, R. B. (2003), "Crafting normative messages to protect the environment", *Current Directions in Psychological Science*, 12: 105-109.

Para mais informações sobre os estudos da Petrified Forest, veja: Cialdini, R. B., L. J. Demaine, B. J. Sagarin, D. W. Barrett, K. Rhoads e P. L. Winter (2006), "Managing social norms for persuasive impact", *Social Influence*, 1: 3-15

4 Quando a persuasão pode surtir efeito contrário, como evitar o "meio magnético"?

O estudo de conservação de energia nos lares pode ser encontrado em: Schultz, P. W., Nolan, J. M., Cialdini, R. B., Goldstein, N. J. e Griskevicius, V. (2007), 'The constructive, destructive and reconstructive Power of social norms', *Psychological Science*, 18: 429-34.

5 Quando oferecer mais faz com que as pessoas queiram menos?

A análise do fundo de aposentadoria pode ser encontrada em: Iyengar, S., Huberman, G. e Jiang, W. (2004), "How much choice is too much?: contributions to 401(k) retirement plans," em Mitchell, O. e Utkus, S. (orgs.), *Pension Design and Structure: New Lessons from Behavioural Finance*, Oxford University Press, pp. 83-96.

O estudo da escolha difícil pode ser encontrado em: Iyengar, S. S. e Lepper, M. R. (2000), "When choice is demotivating: can one desire too much of a good thing?", *Journal of Personality and Social Psychology*, 79: 995-1006.

Para mais informações sobre decisões da empresa para reduzir o número de alternativas que ofereçem, veja: Osnos, E. (1997), "Too many choices? Firms cut back on new products", *Philadelphia Inquirer*, 27 de setembro, p. D1, D7.

Para os interessadas em saber mais sobre por que oferecer mais opções pode ter um efeito paralisante ou destrutivo em outras pessoas, veja: Schwartz, B. (2004), *The Paradox of Choice*, Nova York: Ecco.

6 Quando o bônus se torna ônus?

O estudo do efeito bumerangue que os brindes causam pode ser encontrado em: Raghubir, P. (2004), "Free gift with purchase: promoting or discounting the brand?", *Journal of Consumer Psychology*, 14: 181-6.

7 Como um produto novo e superior implica em mais vendas de um inferior?

O exemplo do padeiro e a pesquisa apresentada neste capítulo podem ser encontrados em: Simonson, I. (1993), "Get closer to your customers understanding how they make choices", *California Management Review*, 35: 68-84.

8 O medo persuade ou paralisa?

O estudo sobre a saúde pública pode ser encontrado em: Leventhal, H., Singer R. e Jones, S. (1965), "Effects of fear and specificity of recommendation upon attitudes and behaviour", *Journal of Personality and Social Psychology*, 2: 20-9.

9 O que o xadrez nos ensina sobre jogadas persuasivas?

O artigo jornalístico que detalha a reação na Irlanda a Bobby Fischer pode ser encontrado em: Smith-Spark, L.

(2005), "Fisher 'put Iceland on the map/'", 23 de março, recuperado de news.bbc.co.uk/2/hi/europe/4102367.stm.

O estudo sobre a lata de Coca-Cola de Regan pode ser encontrado em: Regan, D.T. (1971), "Effects of favour and liking on compliance", *Journal of Experimental Social Psychology*, 7: 627-39.

10 Que material de escritório pode aumentar sua influência?

A pesquisa sobre o Post-it pode ser encontrada em: Garner, R. (2005), "Post-it note persuasion: a sticky influence", *Journal of Consumer Psychology*, 15: 230-37

11 Por que os restaurantes devem jogar fora suas cestas de balinhas?

O estudo sobre as gorjetas pode ser encontrado em: Strohmetz, D. B., Rind, R. Fisher, R. e Lynn, M. (2002), "Sweetening the till: the use of candy to increase restaurant tipping", *Journal of Applied Social Psychology*, 32: 300-309.

12 Qual é o atrativo em não ter compromisso?

Os dados sobre o estudo do hotel relatado neste capítulo são do mesmo original descrito no capítulo 1, em: "Maximizing motivation to cooperate toward the fulfillment of a shared goal: initiation is everything".

13 Os favores se comportam como pão ou como vinho?

O estudo que examina o efeito do tempo sobre valor do favor pode ser encontrado em: Flynn, F. J. (2003), "What have you done for me lately? Temporal adjustments to favour evaluations", *Organizational Behaviour and Human Decision Processes*, 91: 38-50.

14 Como o pé na porta pode levar a grandes passos?

Tanto o estudo do cartaz feio quanto o da invasão do lar podem ser encontrados em: Freedman, J. L. e Fraser, S. C. (1966), "Compliance without pressure: the foot-in-the-door technique", *Journal of Personality and Social Psychology*, 4: 195-203.

O conselho do especialista em vendas pode ser encontrado em: Green, F. (1965), "The 'foot-in-the-door' technique", *American Salesman*, 10:14-16.

15 Como tornar-se um mestre jedi da influência social?

O estudo sobre a técnica da etiquetagem envolvendo o voto pode ser encontrado em: Tyler, A. M. e Yalch, R. F (1980), "The effect of experience: a matter of salience?", *Journal of Consumer Research*, 6: 406-13.

O estudo sobre a técnica da etiquetagem com crianças pode ser encontrado em: Cialdini, R. B., Eisenberg, N. Green, B. L. Rhoads, K. e Bator, R. (1998), "Undermining the undermining effect of reward on sustained interest: when unnecessary conditions are sufficient", *Journal of Applied Social Psychology*, 28: 249-63.

16 Como uma simples pergunta pode aumentar drasticamente o apoio a você e às suas ideias?

O estudo do voto pode ser encontrado em: Greenwald, A. G., Carnot, C. G. Beach, R. e Young, B. (1987),

"Increasing voting behaviour by asking people if they expect to vote", *Journal of Applied Psychology*, 72: 315-18.

A história do restaurante Gordon Sinclair, em Chicago, pode ser encontrada em Cialdini, R. B. (2001), *Influence: Science and Practice* (4ª edição), Boston, MA: Allyn & Bacon.

17 Qual é o princípio ativo dos compromissos duradouros?

Essa passagem de meta de vendas é discutida em: Cialdini, R. B. (2001), Influence: Science and Practice (4ª edição), Boston, MA: Allyn & Bacon.

O estudo sobre o comprometimento ativo/passivo pode ser encontrado em: Cioffi, D. e Garner, R. (1996), "On doing the decision: effects of active versus passive commitment and self-perception", *Personality and Social Psychology Bulletin*, 22: 133-44.

A referência a compromissos não cumpridos pode ser encontrada em uma pesquisa feita pelo DDP: Developing Patient Partnerships (UK Department of Health funded charity), agosto de 2006.

18 Como combater a coerência com coerência?

A pesquisa que examina de que forma a preferência pela coerência aumenta com a idade pode ser encontrada em: Brown, S. L., Asher, T. e Cialdini, R. B. (2005), "Evidence of a positive relationship between age and preference for consistency", *Journal of Research in Personality*, 39: 517-33.

19 Que dica de persuasão podemos pedir a Benjamin Franklin?

A conexão entre a estratégia de Benjamin Franklin e a persuasão é descrita extremamente bem em: Aronson, E., Wilson, T. D. e Akert, R. M. (2005), *Social Psychology* (5ª edição), Englewood Cliffs: Prentice Hall.

A citação de Benjamin Franklin pode ser encontrada em: Franklin, B. (1900), *The Autobiography of Ben Franklin* (ed. J. Bigelow), Filadélfia: Lippincott (publicado originariamente em 1868).

O estudo que testou o efeito Benjamin Franklin pode ser encontrado em: Jecker, J. e Landy, D. (1969), "Liking a person as a function of doing him a favour", *Human Relations*, 22: 371-8.

20 Quando pedir pouco significa muito?

O estudo sobre até mesmo um centavo já ajudar pode ser encontrado em: Cialdini, R. B. e Schroeder, D. A. (1976), "Increasing compliance by legitimizing paltry contributions: when even a penny helps", *Journal of Personality and Social Psychology*, 34: 599-604.

21 Começar por baixo ou por cima? O que faz com que as pessoas comprem?

O estudo sobre o eBay pode ser encontrado em: Ku, G., Galinsky, A. D. e Murnigham, J. K. (2006), "Starting low but ending high: a reversal of the anchoring effect in auctions", *Journal of Personality and Social Psychology*, 90: 975-86.

22 Como é possível se exibir sem que isso seja notado?

O estudo do uso de outras pessoas para legitimar nossos atos pode ser encontrado em: Pfeffer, J., Fong, C. T. Cialdini, R. B. e Portnoy, R. R. (2006), "Overcoming the self-promotion dilemma: interpersonal attraction and extra help as a consequence of who sings one's praises", *Personality and Social Psychology Bulletin*, 32: 1362-74.

23 Qual é o perigo oculto em ser a pessoa mais brilhante na sala?

O estudo dos grupos *versus* indivíduos pode ser encontrado em: Laughlin, P. R., Bonner, B. e Minor, A. (2002), "Groups perform better than the best individuals on letters-to-numbers problems", *Organizational Behaviour and Human Decision Processes*, 88: 605-20.

24 O que pode ser aprendido com a síndrome da comandantite?

Mais informações sobre o desastre do voo 90 podem ser encontradas em: www.time.com/time/magazine/article/0,9171,925270,00.html ou www.airdisaster.com/special/special-af90.shtml.

O estudo sobre a obediência das enfermeiras pode ser encontrado em: Hofling, C. K., Brotzman, E. Dalrymple, S. Graves, N. e Pierce, C. M. (1966), "An experimental study of nurse-physician relationships", *Journal of Nervous and Mental Disease*, 141: 171-80.

25 Como a natureza das reuniões leva a desastres anormais?

Para mais informações sobre groupthink, veja: Janis, I. L. (1983), *Groupthink: Psychological Studies of Policy Decisions and Fiascoes* (2ª edição), Boston: Houghton Mifflin.

A fonte da transcrição da investigação sobre o *Columbia* é: Langewiesche, W. (2003), "Columbia's last flight", *Atlantic Monthly*, 292: 58-87.

26 Quem é o melhor persuasor, o advogado do diabo ou o verdadeiro dissidente?

O estudo sobre o advogado do diabo *versus* o verdadeiro dissidente pode ser encontrado em: Nemeth, C., Brown, K. e Rogers, J. (2001), "Devil's advocate versus authentic dissent: stimulating quantity and quality", *European Journal of Social Psychology*, 31: 707-20.

A evidência de que usar um advogado do diabo pode reforçar a confiança da maioria das pessoas em sua posição original pode ser encontrada em: Nemeth, C., Connell, J. Rogers, J. e Brown, K. (2001), "Improving decision making by means of dissent", *Journal of Applied Social Psychology*, 31: 48-58.

27 Quando a maneira certa pode ser a errada?

A pesquisa do treinamento dos bombeiros pode ser encontrada em: Joung, W., Hesketh, B. e Neal, A. (2006), "Using 'war stories' to train for adaptive performance: is it better to learn from error or success?", *Applied Psychology: An International Review*, 55: 282-302.

28 Qual é a melhor maneira de transformar um ponto fraco em um ponto forte?

O estudo que demonstra os efeitos de admitir fraqueza dentro da lei pode ser encontrado em: Williams, K. D., Bourgeois, M. e Croyle, R. T. (1993), "The effects of stealing thunder in criminal and civil trials", *Law and Human Behaviour*, 17: 597-609.

29 Que falhas destravam as caixas-fortes de uma pessoa?

O pequeno-mas-agradável estudo pode ser encontrado em: Bohner, G., Einwiller, S. Erb, H.-P. e Siebler, F. (2003), "When small means comfortable: relations between product attributes in two-sided advertising", *Journal of Consumer Psychology*, 13: 454-63.

Outro estudo informativo sobre esse tópico pode ser encontrado em: Pechmann, C. (1992), "Predicting when two-sided ads will be more effective than one-sided ads: the role of correlational and correspondent inferences", *Journal of Marketing Research*, 29: 441-53.

30 Quando é certo admitir que você estava errado?

A pesquisa sobre a admissão de erros pode ser encontrada em: Lee, F., Peterson, C. e Tiedens, L. A. (2004), 'Mea culpa: predicting stock prices from organizational attributions", *Personality and Social Psychology Bulletin*, 30: 1636-49.

31 Quando você deve ficar satisfeito ao saber que o servidor caiu?

O estudo sobre falhas no servidor pode ser encontrado em: Naquin, C. R. e Kurtzberg, T. R. (2004), "Human reactions to technological failure: how accidents rooted in technology vs. human error influence judgements of organizational accountability", *Organizational Behaviour and Human Decision Processes*, 93: 129-41.

A informação sobre quanto tempo o cidadão médio do Reino Unido é atrasado por problemas técnicos vem do website da National Statistics, e pode ser encontrada em: www.statistics.gov.uk.

32 Como as semelhanças podem fazer diferença?

O estudo da similaridade de nomes pode ser encontrado em: Garner, R. (2005), "Post-It note persuasion: a sticky influence", *Journal of Consumer Psychology*, 15: 230-37.

33 Quando seu nome é sua atividade?

As citações da versão norte-americana de *The Office* são do episódio intitulado "The Coup".

A pesquisa que examina os efeitos dos nomes em grandes decisões da vida, tais como carreiras e onde morar, pode ser encontrada em: Pelham, B. W., Mirenberg, M. C. e Jones, J. T. (2002), "Why Susie sells seashells by the seashore: implicit egotism and major life decisions", *Journal of Personality and Social Psychology*, 82: 469-87.

O estudo que mostra que há maior probabilidade de pessoas se casarem com outras de nomes que soem parecidos pode ser encontrado em: Jones, J. T., Pelham, B.W., Carvallo, M. e Mirenberg, M. C. (2004), "How do I love three? Let me count the Js: implicit egotism and interpersonal attraction", *Journal of Personality and Social Psychology*, 87: 665-83.

O estudo que examina os efeitos dos nomes das pessoas em suas preferências de consumo pode ser encontrado em: Brendl, M. C., Chattopadhyay, A. Pelham, B. W. e Carvallo, M. (2005), "Name letter branding: valence transfers when product specific needs are active", *Journal of Consumer Research*, 32: 405-15.

34 Que orientação podemos receber daqueles que recebem gorjetas?

O estudo das gorjetas pode ser encontrado em: van Baaren, R. B., Holland, R. W. Steenaert, B. e van Knippenberg, A. (2003), "Mimicry for money: behavioural consequences of limitation", *Journal of Experimental Social Psychology*, 39: 393-8.

O primeiro estudo da postura de imitação do que outra pessoa faz pode ser encontrado em: Chartrand, T. K. e Bargh, J. A. (1999), "The Chameleon effect: the perception-behaviour link and social interaction", *Journal of Personality and Social Psychology*, 76: 893-910.

O estudo que examina a consequência da postura de imitação do que outra pessoa faz nas negociações pode ser encontrado em: Maddux, W. W., Mullen, E. e Galinsky, A. D. (sendo impresso), "Chameleons bake bigger pies and take bigger pieces: strategic behavioural mimicry facilitates negociation outcomes", *Journal of Experimental Social Psychology*.

35 Que tipo de sorriso pode fazer com que o mundo sorria de volta?

A pesquisa do sorriso pode ser encontrada em: Grandey, A. A., Fisk, G. M. Mattila, A. S. Jansen, K. J. e Sideman, L. A. (2005), "Is 'service with a smile' enough? Authenticity of positive displays during service encounters", *Organizational Behaviour and Human Decision Processes*, 96: 38-55.

36 O que pode ser aprendido com as multidões que compram toalhas de chá?

Para uma fonte de informações sobre como o adiamento do casamento real influenciou o comportamento de compras, veja: Dear, P. (2005), "Fans 'panic buy' 8 April mementos", 5 de abril, recuperada de news.bbc.co.uk/2/hi/uk_news/4412347.stm.

A fonte do estudo da carne australiana é: Knishinsky, A. (1982), "The effects of scarcity of material and exclusivity of information on industrial buyer perceived risk in provoking a purchase decision", dissertação de doutorado inédita, Arizona State University, Tempe.

37 O que você pode ganhar com a perda?

A citação inicial pode ser encontrada em Greenwald, J. (1985), "Coca-Cola's big fizzle", *Time*, 22 de julho, p. 48.

Um excelente relato da débâcle da New Coke pode ser encontrado em: Thomas, O. (1986), *The Real Coke, the Real Story*, Nova York: Random House. Uma faceta diferente dessa história também é abordada em: Gladwell, M. (2005), *Blink: the power of thinking without thinking*, Nova York: Little Brown and Co.

O trabalho original da aversão à perda pode ser encontrado em: Kahneman, D. e Tversky, A. (1979), "Prospect theory: an analysis of decision under risk", *Econometrica*, 47: 263-91.

Os efeitos da aversão à perda no comportamento de acionistas são apresentados com mais profundidade em: Shell, G. R. (1999), *Bargaining for Advantage*, Nova York: Penguin.

A pesquisa que demonstra a aversão à perda nas decisões orientadas pela alta administração pode ser encontrada em: Shelley, M. K. (1994), "Gain/loss asymmetry in risky intertemporal choice", *Organizational Behaviour and Human Decision Processes*, 59: 124-59.

38 Que palavra pode reforçar suas tentativas de persuasão?

Os estudos da xerox podem ser encontrados em: Langer, E., Blank, A. e Chanowitz, B. (1978), "The mindlessness of ostensibly thoughtful action: the role of 'placebic' information in interpersonal interaction", *Journal of Personality and Social Psychology*, 36: 639-42. Os estudos que mostram o poder de gerar de motivos a favor de uma posição podem ser encontrados em: Maio, G. R., Olson, J. M. Allen, L. e Bernard, M. M. (2001), "Addressing discrepancies between values and behaviour: the motivating effect of reasons", *Journal of Experimental Social Psychology*, 37: 104-17.

39 Quando pedir todos os motivos é um erro?

O estudo da BMW *versus* Mercedes pode ser encontrado em: Wänke, M., Bohner, G. e Jurkowitsch, A. (1977), "There are many reasons to drive a BMW: does imagined ease of argument generation influence attitudes?", *Journal of Consumer Research*, 24: 170-77.

Dois estudos que apoiam nosso conselho sobre imagens são: Gregory, L. W., Cialdini, R. B. e Carpentar, K. M. (1982), "Self-relevant scenarios as mediators of likelihood estimates and compliance: does imagining make it so?", *Journal of Personality and social Psychology*, 43: 89-99; e Petrova, P. K. e Cialdini, R. B. (2005), "Fluency of consumption imagery and the backfire effects of imagery appeals", *Journal of Consumer Research*, 32: 442-52.

40 Como a simplicidade de um nome pode fazer com que ele pareça mais valioso?

Os estudos sobre os nomes das ações podem ser encontrados em: Alter, A. L. e Oppenheimer, D. M. (2006), "Predicting short-term stock fluctuations by using processing fluency", *Proceedings of the National Academy of Sciences*, 103: 9369-72.

A fonte da citação repleta de jargões é: Moore, B. (2006), "The towers of babble: the worst excesses of workplace jargon can leave one begging for a translator — and a return to plain English", 9 de outubro, recuperada de www.nypost.com/seven/10092006/atwork/the_towers_of_babble_atwork_brian_moore.htm.

A pesquisa sobre os efeitos pelo uso de palavras complicadas pode ser encontrada em: Oppenheimer, D. M. (2006), "Consequences of erudite vernacular utilized irrespective of necessity: problems with using long words needlessly", *Applied Cognitive Psychology*, 20: 139-56.

41 Como a rima pode influenciar na sua volta por cima?

A pesquisa sobe rimas pode ser encontrada em: McGlone, M. S. e Tofighbakhsh, J. (2000), "Birds of a feather flock conjointly: rhyme as reason in aphorisms", *Psychological Science*, 11: 424-8.

42 O que a prática de colocar pesos nos tacos de beisebol nos fala sobre persuasão?

A pesquisa dos contrastes pode ser encontrada em: Tormala, Z. L. e Petty, R. E. (2007), "Contextual contrast and perceived knowledge: exploring the implications for persuasion", *Journal of Experimental Social Psychology*, 43: 17-30.

43 Como você pode ganhar a dianteira na busca da lealdade?

O estudo sobre o lava-rápido pode ser encontrado em: Nunes, J. C. e Dreze, X. (2006), "The endowed progress effect: how artificial advancement increases effort", *Journal of Consumer Research*, 32: 504-12.

44 O que uma caixa de lápis de cor nos ensina sobre persuasão?

A pesquisa sobre os nomes das cores pode ser encontrada em: Miller, E. G. e Kahn, B. E. (2005),

"Shades of meaning: the effect of colour and flavour names on consumer choice", *Journal of Consumer Research*, 32: 86-92.

45 Como você pode embalar sua mensagem para assegurar que ela continue sem parar, sem parar e sem parar?

Uma importante fonte de informações sobre a confusão dos consumidores entre Energizer *versus* Duracell é: Lipman, J. (1990), "Too many think the bunny is Duracell's, not Eveready's", *Wall Street Journal*, 31 de julho, p. B1.

Um excelente retrospecto da pesquisa sobre o papel da memória na propaganda pode ser encontrado em: Keller, K. L. (1991), "Memory factors in advertising: the effect of retrieval cues on brand evaluations", em Mitchell, A. A. (org.), *Advertising Exposure, Memory and Choice*, Mahwah, NJ, Erlbaum, pp. 11-48.

Um retrospecto mais geral da pesquisa sobre auxiliares da memória pode ser encontrado em: Tulving, E. e Thompson, D. M. (1973), "Encoding specificity and retrieval processes in episodic memory", *Psychological Review*, 80: 352-73.

Articulamos anteriormente nossas recomendações para campanhas de saúde pública em: Goldstein, N. J. e Cialdini, R. B. (2007), "Using social norms as a lever of social influence", em Pratkanis, A. (org.), *The Science of Social Influence: Advances and Future Progress*, Philadelphia: Psychology Press. O livro é uma excelente fonte acadêmica, abrangendo a recente pesquisa sobre influência social.

Um estudo que mostra que o álcool pode fazer com que mensagens persuasivas sejam mais eficazes pode ser encontrado em: Macdonald, T., Fong, G. M. Zanna e Matrineau, A. (2000), "Alcohol, myopia and condom use: Can alcohol intoxication be associated with more prudent behaviour?", *Journal of Personality and Social Psycholology*, 78: 605-19.

46 Que objeto pode persuadir as pessoas a refletirem sobre seus valores?

A pesquisa sobre os olhos pode ser encontrada em: Bateson, M., Nettle, D. e Roberts, G. (2006), "Cues of being watched enhance cooperation in a real-world setting", *Biology Letters*, 2: 412-14.

O estudo sobre o Halloween, examinando o efeito de um espelho, pode ser encontrado em: Beaman, A. L., Klentz, B. Diener, E. e Svanum, S. (1979), "Self-awareness and transgression in children: two field studies", *Journal of Personality and Social Psychology*, 37: 1835-46.

A pesquisa sobre pedir para que as pessoas declarem seus nomes pode ser encontrada em: Diener, E., Frazer, S. C., Beaman, A. L. e Kelem, R. T. (1976), "Effects of deindividuation variables on stealing among Halloween trick-or-treaters", *Journal of Personality and Social Psychology*, 33: 178-83.

Para mais debates sobre os problemas de vigilância, veja: Cialdini, R. B., Petrova, P. K. e Goldstein, N. J. (2004), "The hidden costs of organizational dishonesty", *Sloan Management Review*, 45: 67-73.

A pesquisa sobre pessoas que jogam lixo no chão pode ser encontrada em: Kallgren, C. A., Reno, R. R. e Cialdini, R. B. (2000), "A focus theory of normative conduct: when norms do and do not affect behaviour", *Personality and Social Psychology Bulletin*, 26: 1002-12.

47 Seu mau humor prejudica suas negociações?

As citações da série *Sex and the City* são do episódio intitulado "The Domino Effect".

A pesquisa sobre a tristeza pode ser encontrada em: Lerner, J. S., Small, D. A. e Loewenstein, G. (2004), "Heart strings and purse strings: carryover effects of emotions on economic decisions", *Psychological Science*, 15: 337-41.

48 Como a emoção pode desencadear a persuasão?

A pesquisa sobre como as emoções reduzem a capacidade das pessoas de discriminar entre a magnitude dos números pode ser encontrada em: Hsee, C. K. e Rottenstreich, Y. (2004), "Music, pandas, and muggers: on the affective psychology of value", *Journal of Experimental Psychology: General*, 133: 23-30.

49 O que pode fazer com que as pessoas acreditem em tudo que leem?

A citação do prisioneiro político chinês pode ser encontrada na página 23 em: Lifton, R. J. (1961), *Thought Reform and the Psychology of Totalism*, Nova York: Norton. Encontramos essa citação em: Gilbert, D. T. (1991), "How mental systems believe", *American Psychologist*, 46: 107-19.

A pesquisa que mostra que as pessoas que têm poucos recursos cognitivos são inclinadas a acreditar nas alegações de outras: Gilbert, D. T., Krull, D. S. e Malone, P. S. (1990), "Unbelieving the unbelievable: some problems in the rejection of false information", *Journal of Personality and Social Psychology*, 59: 601-13; e Gilbert, D. T., Tafarodi, R. W. e Malone, P. S. (1993), "You can't not believe everything you read", *Journal of Personality and Social Psychology*, 65: 221-33. Nosso título foi inspirado pelo título desse último estudo.

Aos interessados em saber mais sobre as fascinantes ideias de Gilbert e sobre a pesquisa a respeito do tópico da felicidade, ver: Gilbert, D. T. (2006), *Stumbling on Happiness*, Nova York: Knopf.

A pesquisa que mostra como o rompimento da capacidade das pessoas em pensar pode aumentar o consentimento pode ser encontrada em: Davis, B. P. e Knowles, E. S. (1999), "A disrupt-then-reframe technique of social influence", *Journal of Personality and Social Psychology*, 76: 192-9; e em: Knowles, E. S. e Linn, J. A. (sendo impresso), "Approach-avoidance model of persuasion: alpha and omega strategies for change", em Knowles, E. S. e Linn, J. A. (orgs.), *Resistance and Persuasion*, Mahwah: Erlbaum.

50 Os laboratórios "trimetil" estão impulsionando sua influência?

A pesquisa sobre cafeína pode ser encontrada em: Martin, P. Y., Laing, J. Martin, R. e Mitchell, M.

(2005), "Caffeine, cognition and persuasion: evidence for caffeine increasing the systematic processing of persuasive messages", *Journal of Applied Social Psychology*, 35: 160-82.

A influência no século XX

A fonte da história e das citações sobre Sextas-Feiras sem E-mails pode ser encontrada em: Horng, E. (2007), "No e-mail Fridays transforms office", 10 de março, recuperada de abcnews.go.com/WNT/story?id=2939232&page=1.

A pesquisa que examina as diferenças entre negociações on-line e frente a frente pode ser encontrada em: Morris, M., Nadler, J., Kurtzberg, T. e Thompson, L. (2002), "Schmooze or lose: social friction and lubrication in e-mail negotiations", *Group Dynamics: Theory, Research, and Practice*, 6: 89-100.

O estudo que examina a solução para as dificuldades de negociações on-line pode ser encontrado em: Moore, D. A., Kurtzberg, T. R. Thompson, L. e Morris, M. (1999), "Long and short routes to success in electronically mediated negotiations: group affiliations and good vibrations", *Organizational Behaviour and Human Decision Processes*, 77: 22-43.

A pesquisa sobre persuasão on-line que envolve o gênero pode ser encontrada em: Guadagno, R. E. e Cialdini, R. B. (2002), "On-line persuasion: an examination of gender differences in computer-mediated interpersonal influence". *Group Dynamics: Theory, Research, and Practice*, 6: 38-51.

Os estudos que demonstram nosso excesso de confiança de que nossas comunicações por e-mail serão bem entendidas podem ser encontrados em: Kruger, J., Epley, N., Parker, J. e Ng, Z. "Egocentrism over e-mail: can we communicate as well as we think?", *Journal of Personality and Social Psychology*, 89: 925-36.

O estudo da difusão da responsabilidade pode ser encontrado em: Darley, J. M. e Latané, B. (1968), "Bystander intervention in emergencies: diffusion of responsibility", *Journal of Personality and Social Psychology*, 8: 377-83.

A pesquisa que mostra os benefícios de mostrar os preços dos concorrentes no website de uma empresa pode ser encontrada em: Trifts, V. e Haubl, G. (2003), "Information availability and consumer preference: can on-line retailers benefit from providing access to competitor price information?", *Journal of Consumer Psychology*, 13: 149-59.

Os sutis, mas poderosos efeitos, dos planos de fundo em websites podem ser encontrados em: Mandel, N. e Johnson, E. J. (2002), "When web pages influence choice: effects of visual primes on experts and novices", *Journal of Consumer Research*, 29: 235-45.

A pesquisa sobre como a cultura afeta as práticas de gerenciamento pode ser encontrada em: Morris, M., Podolny, J. e Ariel, S. (2001), "Culture, norms, and obligations: cross-national differences in patterns of interpersonal norms and felt obligations toward co-workers", em *The Practice of Social Influence in Multiple Cultures*, Wosinska, W. Barrett, D. Cialdini, R.

e Reykowski, J.(orgs.), Mahwah: Lawrence Erlbaum, p. 97-123.

Os estudos que mostram como a eficiência da propaganda difere entre culturas podem ser encontrados em: Han, S. e Shavitt, S. (1994), "Persuasion and culture: advertising appeals in individualistic and collectivist societies", *Journal of Experimental Social Psychology*, 30: 326-50.

A história de Jack Nicklaus, inclusive citações, pode ser encontrada em: Ferguson, D. (2005), "Grieving Nicklaus meets press", 7 de março, recuperada de www.thegolfgazette.com/print.php?sid=2074.

A pesquisa sobre coerência entre culturas diferentes, envolvendo norte-americanos e asiáticos pode ser encontrada em: Petrova, P. K., Cialdini, R. B. e Sill, S. J. (sendo impresso), "Consistency-based compliance across cultures", *Journal of Experimental Social Psychology*, 43: 104-11.

A pesquisa sobre coerência entre culturas diferentes *versus* prova social envolvendo participantes norte-americanos e poloneses pode ser encontrada em: Cialdini, R. B., Wosinska, W., Barrett, D. W. Butner, J. e Gornik-Durose, M. (1999), "Compliance with a request in two cultures: the differential influence of social proof and commitment/consistency on collectivists and individualists", *Personality and Social Psychology Bulletin*, 25: 1242-53.

O estudo sobre secretárias eletrônicas pode ser encontrado em: Miyamoto, Y. e Schwarz, N. (2006), "When conveying a message may hurt the relationship: cultural differences in the difficulty of using an answering machine", *Journal of Experimental Social Psychology*, 42: 540-47.

A ideia de que pessoas de culturas coletivistas tendem a dar maior ênfase à função relacional da comunicação do que as pessoas de culturas individualistas é comentada com mais profundidade em: Scollon, R. e Scollon, S. W. (1995), *Intercultural Communication: A Discourse Approach*, Cambridge: Blackwell.

A pesquisa que mostra como interlocutores japoneses tendem a demonstrar mais reações pode ser encontrada em: White, S. (1989), "Backchannels across cultures: a study of Americans and Japanese", *Language in Society*, 18: 59-76.

Influência ética

Os leitores podem aprofundar seu conhecimento sobre a crise dos combustíveis no Reino Unido, em 2000, acessando: news.bbc.co.uk/2/hi/in/depth/world-2000/world-fuel-crisis/default.stm.

Este livro foi composto na tipografia
Minion Pro, em corpo 11,5/14,5, e impresso em
papel off-white no Sistema Digital Instant Duplex
da Divisão Gráfica da Distribuidora Record.